ょこ旅4

北海道の廃止駅こ Oとキハ40

この駄目な二匹を見捨てることなく

読み続けてくれている心優しい

セニョール＆セニョリータに捧げます

舘浦あざらし

ごあいさつ

よっ、待たせたね。細かい説明は後回しさ。すぐに歩き始めるとしよう。

てくてくてくてく。ぶひひ。にゃはは……って、どうしたんだい、セニョリータ。顔色がよろしくないぞよ。

なにゅっ？　前作を読んでから日が経ち過ぎていて、どんな話だったのかうまく思い出せない、ですと？

そちらのマダムに至ってはたまたま書店で見つけて購入したので状況がよくわかってないとお怒りざんすね。

ううむ。そうなんざんす。歩きだす前に少しの説明が必要かもしれないざんすね。というわけで、双葉文庫から発売された『函館本線へなちょこ旅』全三巻、九四四ページを四ページに凝縮すると、ざっくり、こんな話なり。

二〇一四年九月のこと――。

新幹線が札幌まで延伸されると函館本線（山線）が廃止になると聞いたあざらしくん（当時五一歳）は札幌駅から函館駅までの全四八駅（当時）を徒歩で訪ね歩いて、帰りは鈍行列車で帰ってくるという『函館本線へなちょこ旅』を思いついたんよ。歩くのが死ぬほど苦手なMtW（man to woman）のぶぶまる（当時四二歳）を相棒にしたハチャメチャ旅だ。

ルールは四つ。
極力国道を歩かない。飲食物や傘の持参は禁止。日没後は歩かない（日が暮れたらたどりついた駅で終了）。そして、飲食店や駅の情報をスマホやＰＣで検索するのは絶対禁止。これ要するに、遠回りして脇道を歩いたり飲食物を現地調達することで旅先での出会いを少しでも増やそうという方針なのですよ。

無謀にも、おいら、この壮大なオバカ旅をどんな形で世に発表するのかを決めないまま、お遍路姿のぶぶまるを連れて歩き始めたんだけど、ふたりとも生きるための仕事があるので、歩くのは共通の休日のみ。つまり、何駅か歩いては鈍行で戻ってきて、次の休日に前回たどりついた駅まで車で行って、そこからまた何駅か歩いて、歩いた分だけ鈍行で戻ってきて、駅に駐めておいた車で札幌に帰って……を繰り返す細切れ旅なのです。

で、一六日間かけて三一駅目の蕨岱駅（わらびたいえき）まで歩いた時、おいら思ったんだ。

これはいけるぞ。笑えるエンタメノンフィクションと自分らしいイラストが描ける気がするぞ、と。人生でそう何度も訪れることがない、やる気の神様が降りてきた瞬間ってやつだね。

二〇一五年一月、双葉文庫の編集者、Ｓ々木さんに企画書を提出。ほどなくして企画が通ったとの連絡が入ったので四月に原稿用紙四五〇枚を一気に執筆。さらに一カ月かけてイラストを六〇枚ほど描いて、七月に発売されたのが『函館本線へなちょこ旅』（二〇一五年七月一九日発売）なのです。

で、一巻。予想通り、ぶぶまるが初日から大暴れしたのだよ。少し歩いただけで「もう歩けない😢」と絶叫して通行人を脅かせる、なんてのは毎度のお約束で、突然大声で歌い出す。クネクネと変な動きをして注目を集める。機嫌を損ねて歩かなくなる。甘えておねだりしてくる。いなくなる。虫に八つ当たりをする。などなど、凡夫のおいらには思いつかない奇行の連続でぶぶまるパワー炸裂さ。

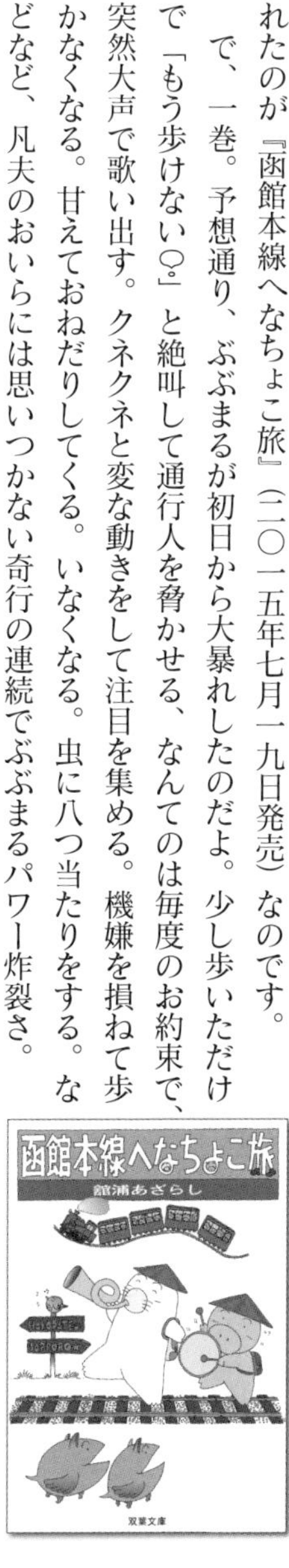

結局一巻では庶民派中華や本格蕎麦店、隠れ家的喫茶店、SLに乗れる博物館、明治時代から続く老舗銭湯、本格的なバッティングセンターなどに立ち寄りながら一八駅目の余市駅まで歩いたのでした。

その一年後、無事に第二巻が発売されることになったので、二巻からはサブタイトルを付けてみたのです。題して『函館本線へなちょこ旅2～北海道のローカル線に愛をこめて』（二〇一六年六月一九日発売）。

二巻の最初の山場は銀山駅だろうね。函館本線の中で、唯一、国道五号線から遥か遠く離れている駅で、しかも高台にあるので、駅周辺で迷っていたら、天然記念物級のエゾライチョウと遭遇したりしてね。銀山地区唯一の食堂に全速力で走ってギリギリセーフでまにあったその足で稲穂峠を越えたのが次の山場なり。

全長一二三〇メートルの稲穂トンネルを分速五〇メートルのぶぶまると歩いたんよ。しかも、おいら、人生初の野糞をしちゃったりしてさ。とほほ……。

ほかにもSLニセコ号に二駅分だけ乗車したり、いけないとは思いつつも葡萄泥棒（ぶどうどろぼう）をしたらこれが人生で一番美味しい葡萄だったり、ほとんどのマシンが壊れているバッティングセンターで遊んだり、伝説のJR倶知安寮に泊まったりしながら余市駅からニセコ駅まで七駅歩いたところで、ぶぶまると大喧嘩して別れたのでした。

そんなわけで、さらに一年後に発売された『函館本線へなちょこ旅3～北海道の無人駅と恋のトレイントレイン』（二〇一七年六月一八日発売）は冒頭からぶぶまるがいなかったりするのです。おいら、ぶぶまるの幻影と歩いた次第。

ニセコヒルトンホテルに前泊させてあげるという鼻先のニンジンでなんとか仲直りをしたと思ったら、突然の吹雪で初めての雪中行進になってしまったし、ぶぶまるの破壊力は増すばかりだし、おいら叫んだよ。あぁ💭。　あああぁ……と。

三巻ではおいら、人生二度目の野糞をしちゃうんだけど、なんだろう。一度目のあとは、へなちょこ旅にも行往坐臥にも峠あり。荊棘峻坂（けいきょくしゅんぱん）これ人生。禍福はあざなえる縄のごとしってわけだ。とかなんとか、むつかしい言葉を並べては野糞を文学に昇華させようと必死だったのに、二度目のあとにはこう書いている。このように国道脇で野糞ができるようになったら一人前の旅人である。見習うべし、と。雪虫にまみれながらね。それも文学か？

結局、三巻のラストは中ノ沢駅という無人駅だ。札幌駅から数えて三四駅目。路線距離にすると一七八・六キロだけど、実際にはその倍は歩いているだろうね。三四駅目までにかかった日数は一八日。歩いたり寄り道したりした時間は九二時間と三七分。歩数は四二万五八三〇歩。平均したら一日あたり五時間強で二万三六〇〇歩ずつ歩いてきた計算なのだ。へなちょこな二匹にしたら頑張ったよね。めでたし、めでたし。

とはなっていないんだよなぁ。三巻の終わり近くで事件が起きたのさ。

宿泊していた二股らぢうむ温泉という従業員に現金を触らせてはいけない宿で、朝、頭を洗っていたら、今から清掃時間だから即刻出て行けと言われて、シャンプー途中の頭を流すことさえ許されず泡だらけで風呂場から追い出されたという事件が起きたんよ。ひどいでしょ。実話だよ。このあと洗面所の冷水でシャンプーを流して風邪をひきかけたもんね。って、違うのよ。これも大事件だけど、もっとやっかいな事件が起きたんよ。

ぶぶまるとキスをしちゃったんだ。夕間暮れの中ノ沢駅のホームで、女の子にしか見えないぶぶまるとキスをしちゃったのだよ。マジックアワーとかトワイライトのなせる技だったんだろうなぁ。寒さで震えるぶぶまるを抱きしめてキスしちゃったんだ。女の子にそうするように。

そのあとは何ごともなかったかのように普通に過ごしたけどさ、おいらたち、どうなっちゃうんだろ。

今までと同じように楽しく歩けるのかな？　なんてところで、これまでの粗筋解説はおしまいさ。

さぁ、もういいだろ。やんややんやと歩き始めるからしっかりついてきておくれよ。きっと楽しいはずさ♪

目次

カバー&本文イラスト&ブック
デザイン……舘浦あざらし

ちっぽけなこだわり

我が家から一番近くにある跨線橋(西発寒跨線橋)にこんなプレートが飾られているのです。ハコダテ本線のダテの字が館じゃなくて舘になっているでしょ。五番舘の舘、舘浦あざらしの舘でないの。なんだかうれしいぞ。ってんで、本のタイトルを『函館本線へなちょこ旅』から『函舘本線へなちょこ旅』にマイナーチェンジしました。気付いたかな。ついでに本文中の函館本線はすべて函舘本線と表記しました。ちっぽけなこだわりなので、混在とか深く気にしないで読んでおくれよ。

19日目 中ノ沢駅から黒岩駅まで

Things we said today

2015.10.24 sat

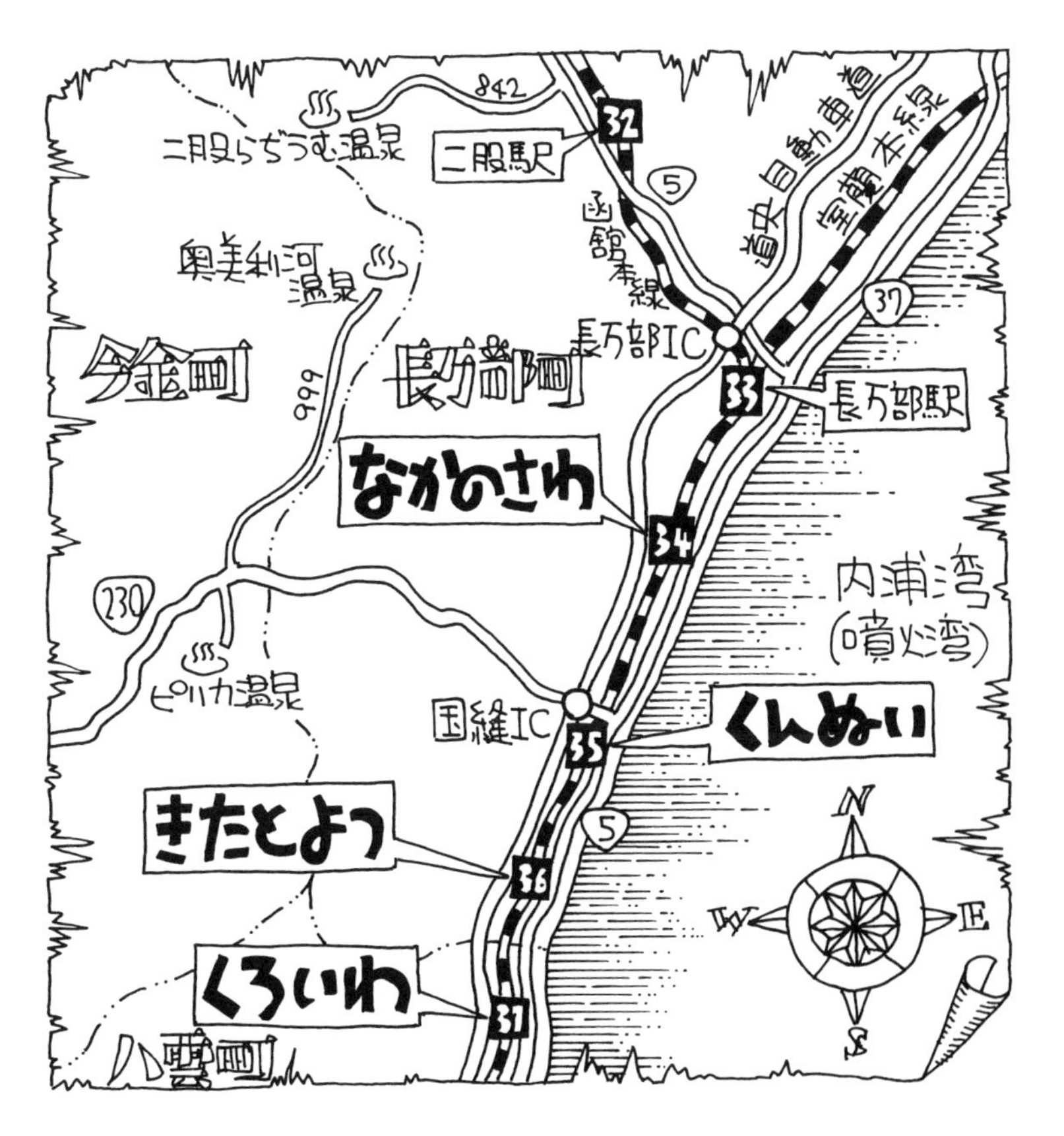

くたばっちまう前に旅に出よう。清志郎がそう唄っている。全くその通りだ。

決めたよ、すべての不安を捨てて書き始めるってね。旅の始まりさ。

「すいません。今すぐ呼んできます」

朝九時五〇分。二股らぢうむ温泉での出来事だ。別に何かトラブルをおこしたわけじゃないからね。ごく普通にチェックアウトしようとしたら、フロントに居た従業員が誰かを呼びに行ったんよ。そうか、彼は《お金に触ったら駄目な従業員》なのか。さもしい話さ。

「一万八八〇〇円です」

むむむ。そんなにしないはずだけど、と《お金に触ってもいいマダム従業員》に言うと、「ビールを頼んでませんか？　あら、そうですか」ですと。すいませんの一言もなしさ。

マダムはおいらの手から受け取った一万円札二枚をレジではなく自動販売機に入れると、機械から出てきたお釣り二四〇〇円也と小さなレシートをこちらに手渡した。

えっと……、この小さい紙切れが領収書なのでしょうか？　名前も入ってないし……。

「そうなんです。ここの領収書は名前が入らないんですよ」

それは駄目でしょうと言っていると大きな荷物を担いだぶぶまるが階段を降りてきた。

一〇時ジャスト。本当なら歩き始めている予定の時間にチェックアウトさ。

「雨、止まないよ。あざらしくんの勘もたいしたことないね。もぐもぐ」

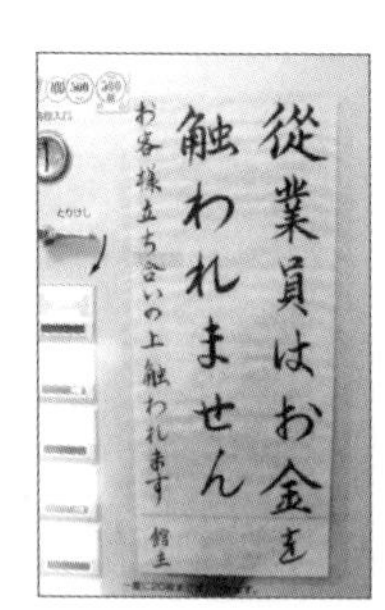

ん？　中ノ沢駅に向かって走りだした車の助手席で、ぶぶまるがもぐもぐしている。

えっと、ぶぶまるくん。つい一時間ほど前に朝飯を食べ終わったばかりだよね？

「だって、おなかすいてるんだもん。あ、雨止んできたよ。あざらしくんの言った通りだ」

なんだかんだで一〇時四〇分。中ノ沢駅の前に車を駐めた時にはあんなに激しく降っていた雨が止んでいた。傘もカッパも要らないというおいらの予想は的中さ。

「ねぇ、おやつひとつだけ持って行ってもいい？　せめて飲み物はいいでしょ」

駄〜目っ。今日は脇道がなくて国道ばかり歩く予定だから、商店や自動販売機ぐらいはあるはずだよ。こらっ、バター飴も駄目。没収。こっそり持って行こうとしないの💭

昨日、この駅のホームでキスをしたというのに、ぶぶまるは何もなかったかのように無邪気に笑ったり怒ったりしている。まぁ、その方がこちらも助かるんだけどね。

予定より四二分遅れの一〇時四二分。おいらたちは中ノ沢駅を歩き始めた。次の国縫駅（くんぬいえき）まではレールの距離で四・九キロ。ってことは寄り道しながら二時間ぐらいかな。

「ああっ、傘を忘れたーっ💭」「傘どこぉ?」「やだぁ。傘持ってくぅーっ💭」

荷物になるからやめなさいと言っても、ぶぶまるは昨日買った傘を持って歩きたくて仕方ないらしい。子供か。結局、歩き始めたのは一〇時四三分。予定より四三分遅れだよ。

「すごーい💭。嘘みたいに雨が止んだね💭。傘さしてもいい?」

雨が止んだならささなくてもいいでしょ。と、おいらが言った時にはもう傘をさしていた。白いスカートに黒とピンクのダウンジャケット。足元は水色のスニーカー。

軽トラの老紳士が、傘をさして踊っているぶぶまるを不思議そうに見ながら通り過ぎた。

中ノ沢駅の開業は倶知安駅やニセコ駅と同じ明治三七年一〇月一五日なので、今はこんなにしょぼい駅だけど、一一〇年以上の歴史がある立派な駅なのだよ。ちなみに開業当初の駅名は紋別駅。もっとメジャーなモンベツがほかにもあったからだろうか。一〇年後の大正三年に中ノ沢駅に改称している。函館駅まではあと三六駅。まだまだあるねぇ。

「リュックが滑るんですけど」

おっ。こんなところに神社があるぞ。自動車整備工場の敷地内に参道があるみたい。

「ダウンを着てリュックを背負うと肩が滑るんですけど」

工場と工場の間に参道がある神社って珍しいよね。ちょっと立ち寄って旅の無事を……

「わーっ！。無視するなーっ！。」

今日はダウンを着るなよと言った言葉を聞かなかったからそうなるんだろ。と言いながら、国道五号線沿いに立つ赤い鳥居の奥をのぞきこむとビビリのぶぶまるの腰が引けた。

「怖いからやめようよ」

旅の安全を祈願したかったのに、ぶぶまるが怖がってしがみつくので参拝は断念する。その途端に左足の親指に激痛が走った。痛風だ。ううっ。昨夜麦酒を鯨飲したからかな。

「神社の祟りかもしれないよ。ぶひひひ」

だったら、おまえが痛くなるはずだろ。と言った途端、国道を走る車の水しぶきが顔にかかった。うげっ。ぺっぺっぺっ。あ、ああっ！。顔を拭こうとして血の気が引いたよ。首タオルがなくなっている。風で飛ばされたんだ。まいったな。おいらのファッションは最後に首タオルを巻いて完成するのに、いきなりテンションが下がるよ。これ全部神社

の祟りなのかなぁ。なんでおれが……って、おまえ、歩きながらナニ食ってるんだよ💭。

「ビッグカツだよ。あざらしくんも食べる?」

現地でのふれあいを大切にしたいから飲食物の持参は禁止だとあれほど言ったのに、ぶぶまるが幸せそうな顔で口をもぐもぐさせている。可愛いやっちゃ。いや、可愛くない。

「八雲まで二六キロ、函館まで一〇〇キロだって💭」

ぶぶまるが大声で青看板を読む。目に付いた文字を口に出さないと気が済まないんだ。

「ねぇ、脇道ってないの? 国道は車の音がうるさくていやだよぉ」

それはおれも同じだけど地図を見ても脇道がないのさ。って、おおっ。直売店入口だって。元は小学校だった建物がお菓子の工場になっているみたいだよ。入ってみようか。

「いやっ」

何言ってるんだよ。自販機もありそうだし、いろいろ売ってそうだから入るぞ。

「いやだ。入りたくない💭」

うるさい。行くぞ💭 と、強引に手を引っ張ったら、ぶぶまるの目が三日月型に笑っていた。きっと、わかったよ入るのはやめようと言っていたら涙目になっていたんだろうね。

おいらの手を振りほどいてひとりで走って建物に入って行ったよ。素直じゃないなぁ。

BEAT SWEET

「こんにちは💭」

やめろよ、恥ずかしいから。誰に向かって大声で叫んでいるんだよ。買い物中のお客さんがみんな振り向いちゃっただろ。まったくもう……。

「あーっ💭　本日のお買い得品だって💭」

値下げ品に目がないぶぶまるがワゴンの横で興奮している。

ウッディな内装の店内には買い物客のマダムが六人ほどいて、ほかに従業員マダムが二人。つまりマダムばかりだ。こう見えても人見知りのおいらには入り込めない風情の空間だぞ。ぶぶまるに託すとしよう。

財布を渡すから好きなの買ってきていいよ。

「好きなの買っていいの💭」

いいよ。(小声で)それが今日の昼飯になるかもしれないんだからさ。

「なに?　なんだって?　あ、足の裏が冷たいと思ったらみんなスリッパ履いてるのにぼくだけ履いてなかったよ。じゃあねぇーっ💭」

靴を脱いで入る方式の店内には函館出身のＧＬＡＹの曲がかかっている。道南エリアに入ってきたという実感はこういうことで感じるものなのかもしれない。

「生クリームパンクッキー六〇〇円。ロッククライムショコラ六〇〇円。オシャマンベイク四〇〇円。てるひこグレークッキー五五五円。あざらしくん、てるひこって誰さ?」

書いてある文字をすべて読み上げないと気が済まないぶぶまるに、ＧＬＡＹのＴＥＲＵだろと言った時には別の文字を読んでいたので無視された。あれれ。静かになったぞと思ったら今度は試食品をもぐもぐ食べまくっている。

そして、順番にすべての試食品を食べ終えたら「ああ美味しかった。行こう」ですと。

おいらも覚悟を決めて店内に入って、試食で満足しないでなんか買えよ、と言うと、

「全部試食したら、どれが美味しいのかわからなくなっちゃったんだよ。ぶひひひひ」と、何がツボに入ったのかわからないけど、ひとりで笑い始めた。小声じゃなくて大声で。

「だって(笑)、ぶひひひひひ(笑)」

まだ笑ってるよ、この人。何がそんなにツボに入ったんだい?

「だって、あざらしくんも試食品を食べてるんだもん。そういうこと絶対しないのに(笑)」

いいから早く買えよ。おまえのおみやげ代も出してあげるからさ。

「じゃあ一緒に決めてよ」

やだよ。おまえが好きなのばかりでいいから買えよ。などと応酬していたら、その様子をずっと見ていたんだろうね。レジのマダムが「きゃははは」と声を出して笑いだした。

「仲良しなんですね」と涙目で言われてしまったよ。夕べキスをした関係だという雰囲気があふれ出ちゃっているのだろうか。まずいなぁ。

結局、五二〇〇円分も買ってしまったよ。

「これ美味しいね♪」

レジで支払い中もぶぶまるはもぐもぐと試食品を食べ続けていた。

ここのお菓子は全部ここで作っているんですか?

「はい。そうです。きゃはは」

この店はいつからやっているんですか?

「三年目です。きゃはは」

学校が廃校になったのは何年前ですか？

「五年前だったと思います。きゃはは」

笑い上戸のマダムとぶぶまるがずっと笑っているというシュールな世界から外に出ると
「試食がケチケチしてないのがいいね♪」「ねぇ、自動販売機でお茶を買ってもいい？」

「おやつがいっぱいあるね♪」とぶぶまるは終始ニコニコしていた。店に入るのをいやがっていたことなんてまるで覚えてないんだろうね。前言撤回に罪悪感が伴わないのかよ。

国道五号線を南に歩きだして振り向くと『札幌まで一八三キロ』という青看板が目に入った。国道五号線ベースで一八三キロということは二四〇キロぐらいは歩いた計算かな。

黙々と二四〇キロ歩く人はなんぼでもいるだろうけど、こんなに大騒ぎしながら二四〇キロ歩いた人は希有ではなかろうか。残りの一〇〇キロもきっと大騒ぎだろうし。

「あーっ！　大変なことに気付いちゃった」

そうやって言う時はたいしたことないことを知っているけど、一応、どうしたんだい？

「こんなにいっぱい買い物をしたのに、ぼくは今日まだ一度も財布を出してないよ！」

そうだろうねぇ。まだ歩き始めて二〇分しか経ってないからね。

『えええええええっ！』⇧読者の声
そうなのだよ。まだ、中ノ沢駅を歩き始めてから二〇分しか経っていないのに、こんなにいろいろと書くことがあるのだよ。いつもこんな感じなんだ。ついてきておくれよ。

「うんこしたくなってきちゃった」

さっきの店でしちゃえばよかったのに。おばかだなぁ。

「だって今したくなったんだもん。あ、なんかあるよ。きっと食べ物屋さんだよ」

ぶぶまるが少し前方に見えるトンガリ屋根を指さして眼を輝かせた。時刻は一一時〇六分。食べ物屋だとしたらちょうど暖簾を出したぐらいだろうね。よし急ごう。と近づいて行くとトンガリ屋根の手前に長万部除雪ステーションがあるのを発見したぞよ。

道外の兄姉のために解説すると、除雪ステーションというのは国道用の除雪車を格納する車庫や積雪情報に応じて指示を出す司令室がある施設のことで、公衆トイレを併設しているので、道内各地に点在することで旅人たちの強い味方になっている施設のことなり。

食べ物屋じゃなかったけどトイレだよ。よかったね。うんこしてこいよ。

「もう出なくなった」

せっかくきれいなトイレに着いたんだから一応お尻ぐらい出してこいって。

「いやだ♡　今日は野糞をしたい気分なの♡」

何を叫んでるんだよ、恥ずかしいなぁ。だいたい今回は平坦な国道沿いしか歩かないから野糞の出番はないの。山の中を歩いている時じゃないと無理♡

「自分は二回も野糞してるくせに♡　ぼくだって野糞に憧れてるんだよ♡」

はいはい。何も出なくても文句言わないから、とりあえずお尻を出してきなさい。

「寂しいからそこに居てね」と言って障害者用個室に入ったぶぶまるは「素晴らしい♡」と叫ぶと、三秒後にはノリノリで何かを唄い始めた。スカート姿のぶぶまるが男性トイレに入るのは無理だし、女性トイレでも変に思われるので今日は見逃しておくれよ。

浜辺のアイドル

「また利用したいトイレのひとつだよ♪」

一〇分後、出るものが出てスッキリしたぶぶまるは国道五号線をスキップしていた。

「今日、お風呂で垢こすってあげようか？」とか「でも垢こすり忘れちゃった。きゃははは」などと上機嫌な風情なり。平和、平和。と、右手からカンカンカンという踏み切りの音が聞こえてきたぞ。キハ四〇を期待してカメラをかまえると貨物列車が通り過ぎた。

左手が内浦湾で右手が函館本線。色づき始めた山の手前を長いコンテナ車が走っていく。数えたことはないけど、これがすべて生活物資ってことは重要任務なんだね、貨物列車。

本当はこのまま国道の右側（西側）の歩道を歩いて南下したいところだけど、水はけが悪くてベチョベチョなので、国道を横断して左側（東側）の歩道にシフトする。後方から大型車が猛スピードで接近してきては水しぶきを跳ねながら走り去る威圧感はストレスだけど、びしょ濡れのスニーカーで歩くのはもっといやなので我慢して歩くとするよ。

「やってないみたい」

ようやくトンガリ屋根の建物に近づいたと思ったら、『旅の駅・長万部かに市場』と看板に書かれた建物に人の気配はなかった。

「ビアホールアイドルってなんだろ？　建物はファミリーレストランアイドルになってるよ。完全につぶれています」

『アイドル』も気になるけど、『長万部新名物とろりんこそば三五〇円』という看板も気になるなぁ。名物と認定されるかどうかは周囲が決めることなのに、自分から新名物と謳って、でも全く名物にならなくて、結局閉店しちゃったなんて一番格好悪いパターンだぞ。

「こっちにもなんかあるよ！ 『漁師の家』だって！」

見ると『アイドル＆かに市場』の南側にも人の気配が全くない建物が建っている。広大な駐車場の奥に建つ横長の立派な建物だ。どこにも閉店の貼り紙は見当たらないけど、駐車場に生えている雑草の奔放さから推察すると単なる定休日ではなさそうだ。

「共倒れしたんだね」

三軒とも旅行代理店のバスツアーをアテにしている風情を濃厚に漂わせているのが敗因だと思われる。個人客だけを相手にするつもりだったらこんな駐車場は必要ないからね。

「なんかお尻の穴が変だよ」

ぶぶまるの動きがおかしくなった。そして足が止まった。

「もう歩きたくないよ」

出たっ！ 久々の決めフレーズ『もう歩きたくない』だ。

「うんこしたら、もう歩きたくなくなっちゃった。体力を全部使っちゃったんだよ」

歩けなくなるほど排便に体力を使ったのかよ?

「そうだよ。ぶひひひ。おなかいっぱいだから、今日はお昼抜きでもいいね」

満腹なのはおまえだけだろ。朝食後にパンを食べて、試食もガツガツ食べてたからな。

「歩きながらビッグカツも食べたしね。ぶひひひひ」

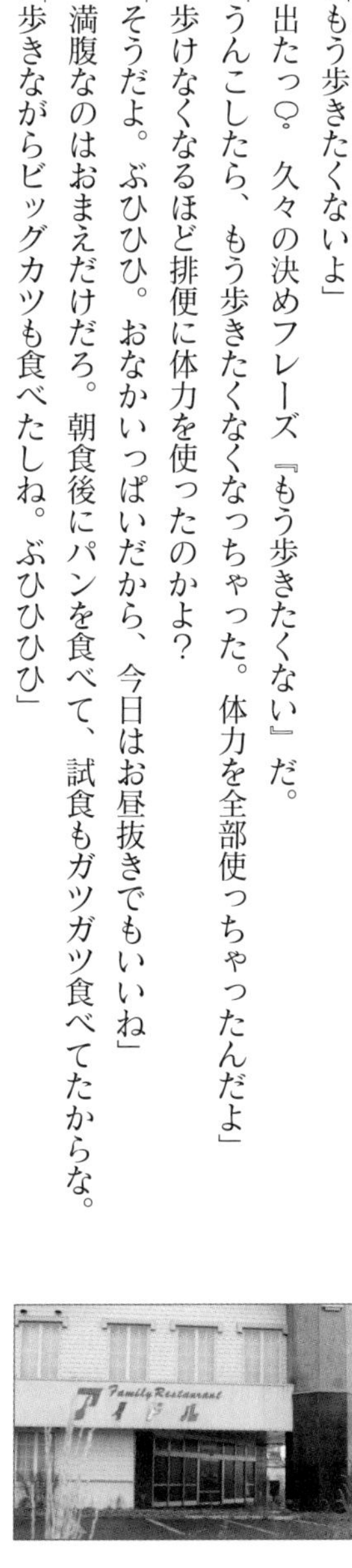

札幌駅から函館駅へと全駅を巡礼しながら歩く旅も一九日目だというのに、ぶぶまるは何もわかっていない。満腹で満たされた子豚が歩いていてもつまらないということが。

昼時になっても店が全然なくて、おなかをすかせて歩くから面白いんだろ🗨

「じゃあ、今からおなかすいたフリして歩くよ。ぶひひひ」

駄目だよ、この紀行文はノンフィクションなんだから、ありのままにしか書かないよ。

「眠くなってきた」

左から順に、海、国道、鉄路、高速道路、山がほぼ直線に平行して走る単調でつまらない道なので、ぶぶまるが眠くなってしまうのも無理がない。満腹だしね。

「あああーっ🗨」

突然どうしたんだよ⁉

「あざらしくんは全然汚れてないのに、ぼくはこんなに泥だらけだよ🗨」

おまえ、車の泥はねのほかに、歩きながら自分で自分にかけているからだろ。

「あああああああーっ🗨」

今度はなんだよ⁉

「キューブの赤が走って行った。買ってよ」

なんで、おれがおまえに車を買ってやらないと駄目なんだよ。

「赤い車が欲しいの。死ぬまでに絶対赤い車を買うんだ🗨」

ごおおおぉっ、ごおおおぉっ、ごおおおぉ……。後方から接近してきては猛スピードで走っていく車の音と風圧をぶぶまるが怖がっているのがわかったので手を差し出すと、素直に手をつないできた。手をつないで歩くへんてこ二匹。シュールな光景さ。

「怖いよぉ」

手をつないでもぶぶまるが怖がるので、右側の路側帯へとシフトする。日が射してきた。ぶぶまるがダウンを脱いだ。おいらの反対を押し切ってまで着てきただけにバツが悪かったんだろうね。口笛を吹いてごまかしている。どこからか肉を焼く匂いがしてきたぞ。

「何もないね」

離農して久しい荒れた土地と廃屋、朽ち果てたサイロが物悲しい。本来、寂寞(じゃくまく)とか寂寥(せきりょう)は人の気配のない無音の風景を指す言葉だけど、国道をただ通り過ぎるだけのごおおぉっ、ごおおぉっ、ごおおぉっという車の轟音が一層寥々たる景色を際立たせている。

「ひとりでナニぶつぶつ言ってるのさ?」

文学的風景描写だよ。

「そういうの要らないと思うよ。あ、ここも空き家だね」

花岡と書かれたバス停の周辺も離農したらしい廃屋が点在している。

幅五〇センチほどの細い路側帯を一列になって歩くふたりのすぐ横を次々に大型車が走り去っていく。一刻も早く国道から離れたいけど脇道が一本もないんよ。左手に海がずっと見えていることと、気温が低くないことだけが救いだ。今日は一〇月二四日。札幌の初雪の平均が一〇月二八日なので、いつ雪が降ってもおかしくない季節だからね。

「足の指が痛いんですけど💧。」

北へと向かう長い貨物列車が走り去った。そして恐ろしい看板を目にしてしまった。

今金に折れる交差点まであと四キロと書かれた看板を見てしまったのだよ。ちょっと待っておくれよ。たぶん国縫駅はその交差点の近くにあるので、ということは何かい。五キロのうちまだ一キロしか歩いてないということかい。それはさすがにまずいでしょ。よっしゃ。歩くスピードも文章もペースアップするね。ついてきておくれよ。

ゴルフ練習場スウィングに折れる曲がり角でパトカーを模した形の『事故多発地帯』看板を発見。警察だけにナンバープレートが『た110』になっている。

喉が渇いたけど、商店はもちろん自動販売機もない。それ以前に歩道がない。辛うじてある路側帯も幅の半分以上が雑草たちに占拠されている始末さ。札幌行きの北斗星が通り過ぎた。へなちょこ旅は各駅停車の普通列車しか乗らないので特急とは無縁だけどね。

コイトイ川と書かれたバス停の近くで突如巨大な建物が現れた。水産会社かぁ。自動販売機はなさそうな風情なり。残念。

ちなみにコイトイはアイノイタクで『波が崩した場所』の意。白糠の恋問や稚内の声問なども同地名だ。恋を問うといえば、ぶぶまるはハイペースで黙々と歩いている様子なり。

お目当ての場所に着いた。右折すると日本海側のせたな町へと抜ける国道二三〇号線で、左折すると国縫漁港や平屋の町営住宅が並んでいる。何日かぶりに見る住宅街だ。函館まで九五キロと書かれているので五キロ歩いてきたってことか。多難な五キロだったよ。

「いやだ！」

やっと脇道に入れると思ったのに、久々に口を開いたぶぶまるがごねた。一刻も早く国道から離れたいので強引にぶぶまるの手を引いて住宅街に入ろうとしたら暴れだした。

「いやだーっ！　もういやだーっ！」

わかったよ。じゃあ、今日は国縫駅で終わりにして宿に行こう。そのかわり明日はいっぱい歩かないと駄目になるよ。

「聞こえませーん！」

その後、何を言っても、耳をふさいでは「聞こえませーん！」と叫ぶばかりさ。はぁ。わかったよ。寄り道はやめてさっさと国縫駅を探すとするよ。国道の右側にシフトさ。エネオスのガソリンスタンドが見えた。あそこなら自動販売機があるはずだ。あと少ししか歩かなくてもいいことになったからだろうね。ぶぶまるは笑顔でドリカムを唄い始めた。すると小虫が大量に口の中に入ったらしく「ペッペッペッ」と大騒ぎをしている。

駅が近い匂いがするぞ。たぶん、あのつぶれた商店を右折したら正面が駅のはず。

自信満々で国道を右折すると細い道の突き当たりに横長の平屋が見えた。

赤いトタン屋根とベージュ色の壁。あっ、赤いポストがある。間違いないぞ。あの建物が国縫駅だ！

「ふーん」

なんだろ、こいつ。おいらが一発で駅の場所を当てられるようになってきたことが面白くないらしい。人の失敗は大好きだけど人の成功とか成長には興味がないんだ。

「なんて駅?」

クンヌイだよ。

「ふたつの国を縫い合わせているという意味のクニヌイじゃないの?」

あのね、北海道の地名は明治維新後に無理やり漢字を当てたアイノイタクだから漢字には全く意味がないいんだよ。何度も言ってるのになぁ。そろそろ覚えろよ。

「わかってるってば♡。うるさいなぁ。ぼくはここで帰っていいんでしょ」

古い木造校舎のような駅舎へとズンズン歩いて行くと、看板が見えた。国縫駅。しびれるなぁ。そのまま映画に使えそうな色あせた看板だよ。駅舎の前にはポストと電話ボックスとつぶれた商店がある。三点セット揃い踏みなり。

「飲み物の自動販売機がどこにもないよ」

うん。町営住宅の辺りにあったかもしれないけど、おまえが駄々をこねたからなぁ。

「ちっきしょーっ♡。」

小梅太夫かよ、古いなぁ。

ガラガラーッと有人駅だった頃の面影が色濃く残っている駅舎に入って、まずは椅子に座る。時刻は一二時一五分。歩数は八三六〇歩。なんだよ、これしか歩いてないのかよ。

「まもなく列車が入ってきます。危険ですのでホームの後ろまで十分に下がってお待ちください」というアナウンスが突然流れたと思ったら、カンカンと警報機が鳴り出した。

慌ててホームに出ると、函館方面行きの一番ホームをものすごい勢いで貨物列車が通過して行った。ホームの南端には青いトタン屋根の跨線橋があって、いい味を出しているぞ。

その跨線橋を渡った先にある二番ホームはかつては裏側に三番ホームもある島式ホームだったけど、今は三番ホームは使われていない様子なり。それにしても長いホームだなぁ。昔はホーム上に売店が出ていたのかもしれないね。ぶぶまるが居ないので全部独り言さ。ホームから駅舎に戻ると、三つ並ぶ四連椅子の上でぶぶまるが惰眠をむさぼっていた。時刻表を見ると次の長万部方面は一四時三四分。日中は三時間に一本しか走っていないんだね。まだ二時間以上もあるや。これはぶぶまるを説得してもう一駅歩くしかないぞ。

「騙した○」

仕方ないだろ。商店も自動販売機もない駅で二時間ぼぉーっと待つぐらいなら、五キロ先にある次の駅まで歩く方が楽しいって。途中でランチ休憩もあるからさ。ただ、おれも膝が笑ってるから、ここで少しだけ休憩してから歩き始めようよ。

「じゃあ、もう行く○」

だから、少し休んでからにしようよ。この駅舎、居心地がいいからさ。

「いやだ。すぐに歩く○」

本当は少し休みたかったけど、ぶぶまるが歩く気になってくれたので休憩は断念する。ちなみに国縫駅は八雲駅(やくもえき)や長万部駅(おしゃまんべえき)と同じ明治三六年一一月三日開業。昭和四年には国鉄瀬棚線(せたなせん)が開業して、その乗り換え駅になったので、函館本線の中でも主要駅のひとつだったんだね。きっと駅前には旅館が数軒あったに違いないけど、昭和六二年の国鉄民営化に合わせて瀬棚線は廃止され、国縫駅前も衰退。今は寂しい無人駅なり。

廃業して久しい商店と食堂の残骸が残っているだけで繁栄の名残はどこにもなかったよ。

元祖カップヌードルとヤンキー

「疲れたよ、もう」

一二時二三分に国縫駅を出発した一分後、ぶぶまるが心底つまらないという顔をした。カー、カー、カー。カラスが鳴いている。駅前のうらぶれた風情を強調するみたいに。

本当は中道をズンズン歩いて国道に出るのを少しでも先に延ばしたいんだけど、早く国道に出ないと自動販売機に出会えそうもないので、猫の通り道のような細い道を歩いて国道へと向かった。こんな小道を沖縄弁ではスジグワァーと言うんよ。小さいがグワァーね。

「立派な御屋敷だね。誰か住んでるのかな?」

高い塀に囲まれた邸宅に人の気配はなかった。駅前の価値ってこんなもんなのかいな?雪虫がいっぱい飛んでいる。もうすぐ初雪が降るよという天の合図なり。

国道に出ると正面に国縫郵便局が見えた。ここから南下すると、またしばらく何もなくなりそうなので、少し戻ってエネオスのスタンドで飲み物を買ったらどうかと提案すると、

「断固、戻りません」と、ぶぶまるが主張するので断念して南下すると、あったよ、ありましたよ。次の信号の角に商店が見えたぞよ。長万部駅を離れて最初に出会った商店だ。

「イタリアンピザだって◎」

商店を発見したのと同時にパスタ屋の案内広告も見つけてしまった。『パスタの店ピアット。モダセルフ向かい』と書いてあるだけで、ここから何キロ先かは書かれていない。

モダセルフって、確か八雲の街中にあった気がするから二〇キロ以上先じゃないかな。

「イタリアンピザ、食べたいよぉ」

食べたいけど、歩くと六時間以上かかる距離だから無理でしょ。おれたちの今日のランチはそこの川村商店で決まりさ。パンでも買おうっと。

「お湯を入れてくれるんならカップ焼きそば食べたい♪」

同じことを考えていたよ。寒いから熱々のカップラーメンを食べたいね。聞いてみよう。

すいませーんと店内に入ったとたん小躍りしそうになった。いきなりクリームパンとかジャムパンが出迎えてくれたんだもの。ジャムパンって久々に見たなぁ。懐かしいや。

ここから次の駅までの間に食堂ってありますか?と、住居兼店舗の住居部分から出てきた店主氏に訊くと、「ないないない」と、ないを三回重ねてから「ないです」と笑った。

六〇代半ばぐらいだろうか。ジャビットくんのマスコットやジャイアンツのミニチュアユニフォーム、選手の集合写真などを飾っているところを見ると今でも熱烈な巨人ファンらしい。こういう御仁はあっさり日ハムファンに鞍替えした誰かさんより信用できるぞ。

じゃあですねぇ、と、お湯の件を頼みかけると、突然「ぶひひひ」とぶぶまるが笑い出した。タイミングを逸したので、再度、じゃあですねぇ、と頼みかけると、店主氏、「お湯かい?」と察してくれて、慣れた手つきで湯沸かしポットを持ってきてくれたなり。

「わーい、やったー」

イタリアンからカップ麺に格下げしたのに、ぶぶまるは無邪気に喜んでいる。

「ねぇ、パンも買っていい?」と瞳をキラキラさせているんだ。可愛いでしょ。

「ここの築港が珍しいんだよ」

上から見るとワイングラスの形をしているんですよね。

「よく知ってるねぇー💭」

この店は長いんですか？

「親父と兄弟四人でやっていたので戦前からだね。わたしの代で四〇年。東京に居たんだけど、親父が高齢だからって呼び戻されたのさ」

などと会話をしながらも、ふたり分のカップ麺に手際よく粉スープや熱湯を入れ、最後にセロテープで口を止めてくれた。飲み物、パン、カップ麺が各二個で九一〇円也。

「よかったね♪」と、ぶぶまるが笑うと、店主氏も「あははは」と笑った。

そうだ。国縫駅前って、昔はどんな感じだったんですか？

「わたしの同級生が蕎麦屋をやっていたんだけど、それはそれはにぎわっていたよ。長万部の合田蕎麦よりも有名だったんだから。この辺だって、うち以外にも店がいっぱいあったよ。あそこも、あそこも、全部商店だったんだよ」

今は川村商店だけになっちゃったんですねぇ。

「みんな子供が跡を継がなくてね。本当はおれも継ぎたくなかったんだけどさ。がはは」

ん？　おまえ、静かになったと思ったら勝手に食い始めてるな。

「ぶひひひ。だって話が長くなりそうだったから」

おれだって早く食べたいのに、もう。

「どーもどーもー、気ぃつけてねぇ💭。がははは」と笑って見送ってくれる店主氏に礼を

のべて店の外に出ると、駅舎で食べようというおいらの提案を却下したぶぶまるが店のすぐ裏手で、立ったままカップ麺をすすり始めた。

「美味しいね。ふー、ふー。おじさんいい人だったね。ふー、ふー。どっかに座りたいね。ずずずずずっ」

だから駅舎で椅子に座って食べようって言ったのに、ずずずずずっ。

「美味しいな。三〇年ぶりだよ。普通味のカップヌードルは。ちょっと食べてみる？」

味が混ざるからいいよ。おれのマル味噌も結構美味しいし♪

目の前は住宅地だ。目撃されたら変に思われるんだろうなぁと思っていると、なんだ、なんだ。大音量で音楽を流す車がこちらにやってくるぞ。

田舎のヤンキーか？

田舎のヤンキーではなくて日用品の移動販売車だった。

大音量で音楽をかけながらやってくると、こともあろうに川村商店の前に停まった。車が停まるのと同時に近所のおばあちゃんが二名外に出てきて、立ち食いしている怪しいふたり組をちら見したけど、見なかったことにして買い物を始めた。そんなことはおかまいなしにぶぶまるはカップヌードルのスープをずずずっとすすっている。たくましいなぁ。

「満足度の高いランチだったね♪」

幸せハードルが低いやっちゃなぁ。さてと、ランチタイム終了。歩きだすとしよう。

季節がきみだけを変える

国縫駐在所を過ぎると左側の歩道がなくなったので右側にシフトして国道を歩く。国縫小学校が見えるけど廃校した風情なり。ずっと座っていないので腰が辛くて死にそうさ。

「ぶふふふふふ。痛そうだね♪」

国縫駅で自分だけたっぷり休憩したぶぶまるが人の不幸を笑っている。そのバチが当たったんだろうね。車がはねる水しぶきで顔が汚れて泣きそうになっているぞ。

国縫川を渡るととても香ばしい匂いがしてきた。かなり強烈だぞ、と思って振り返ったら、この悪臭の中でぶぶまるはムシャムシャとパンをかじっていた。

おまえ、よく、この排気ガスとうんこ臭が充満する中で食えるな。

「せっかく買ったんだからあざらしくんもジャムパン食べなよ。美味しいよ」

まさかこのあと自分がパン屋で働いているなんて思いもしていないぶぶまるが悪臭の中で美味しそうにパンをかじりながら歩いている。ちなみに、おいらのパンだ。

「もう一キロぐらい歩いたかな?」

まだでしょ。一〇分歩いたとして七〇〇メートルぐらい。そろそろ座りたいよ。

「ずいぶん座りたがるね、ゲップ」

おまえと違ってずっと座ってないからだろ。と言うと、今度はおならで返事をした。さっきからゲップとおならを繰り返している。なんの悪臭なのかわからなくなってきたよ。

「ぼくは新しい恋人の前でもおならとゲップをしちゃうのかな?」

無視。いつのまにか路側帯を歩いているけど、アスファルトが乾いてきたので少しだけ歩きやすくなってきたよ。相変わらず、左から海、国道、線路、高速道路、山の五列が平行に並ぶ単調な風景だ。車が途切れた瞬間はとてものどかな風景に感じてしまうけど、実際には騒音と排気ガスとゲップとおならの中を通り過ぎる車すれすれに歩いている。

「最初はあざらしくんの前でゲップとかおならができるなんて思わなかったけど、やればできるもんだね。もう普通にできるよ。ぐふふふふ」

無視。ぶぶまるはひとりで笑っている。

「でもね、ぼくはあざらしくんなんかで終わるつもりはないからね」

無視。ニヤニヤしているぶぶまると目が合ってしまったので慌ててそらす。

「ぼくはいつ自分のアンパンを食べるか、そればかり考えているよ」

アヤメの原生地と書かれた看板を過ぎると、ぶぶまるの様子がおかしくなった。

「あざらしくん、ぼくのことなんてもう面倒臭くなったんでしょ💭」

そう叫ぶと、結構堅いゲンコツで叩き始めた。うっ。痛いぞ。やめろよ。

「あざらしくんなんて死ねばいいんだ💭」

本当に死んだらわんわん泣くくせに。

「泣かないよ。笑ってやる。ぶひひひ……ぺっ、ぺっ、ぺっ」

大口をあけて叫んだから、大量の雪虫が口の中に入ったらしい。

「あーん、もうやだぁーっ💭」

怒ったり、笑ったり、泣いたり忙しい子豚だよ。泥はねなのか雪虫なのか黒い点がいっぱい付いた顔で「やだーっ、目を開けられないーっ💭」と騒いでいる。

雪虫地帯を抜けると、片側一車線だった国道の車線が一時的に増えた。追い越し車線区間だ。パトカーがふたりの横を減速して通り過ぎた。徒歩旅をしているカップルにでも見えたのだろうか。確かに今日のぶぶまるはどこから見ても可愛い女子だからなぁ。

「眠くなってきちゃった……」

おれは本格的に腰が痛くなってきたよ。どっかで湿布を貼りたいなぁと思っていると右手に空き地があったので小休憩。おいらが湿布を貼っている間、ぶぶまるはおしっこをした。スカートなので座ってペロンとお尻を出して用を足していると、また叫んだ。

「あああーっ。おしっこが自分の方に流れてくるーっ💭」

斜面を計算に入れなかったらしい。おばかだなぁ。と、ぶぶまるがお尻を出している間にいなくなった雪虫の大群がまたまた押し寄せてきたぞ。うわわっ、ぺっぺっぺっ。

雪虫という響きにロマンを感じている内地の兄姉。現実とはこんなものなのだよ。

浮気なパレットキャット

上豊野（かみとよの）のバス停を過ぎても風景は寸分も変わらなかった。

公園のベンチでも店先のビール瓶ケースでもなんでもいいよ。一度座りたいなぁと願っていたら、あったよ、ありましたよ。豊津（とよつ）のバス停に小さな待合所があるでないの。国縫駅から五キロ近く南下してきて初めてのベンチだ。リュックを降ろして一服しようっと。

目指す駅は北豊津駅だから、もう、すぐ近くにあるはずだよ。

「どうして北豊津が近くだってわかるの?」

南に向かって歩いているから北は手前なんだよ。豊津の手前側だとしたらもう近くでしょ。

「どうして南に向かって歩いているから北が手前なの?」

地図で言うと上から下に歩いているから上は手前……って、人に質問しておいて居なくなりやがった。ぶぶまるを追って幌内橋を渡ると右折道を発見。ここを折れて国道から少し離れた場所に駅がある風情だ。少し手前から線路と国道が離れていたんだね。

次の北豊津駅で汽車に乗って帰ればいいのかい?

「ぼくはまだ歩けるよ。まさか、あざらしくん、もう歩けないの?」

おまえがもう歩かないって言ったから訊いたんだろ。「そんなこと言ってない」という不毛な応酬をやりあっていると上空の雲が開いて青空が顔を出していた。

種馬場道路踏切を渡って国道からさらに離れる。最近は石北本線や宗谷本線を旅していたので単線の踏切ばかり見てきたけど、函館本線の長万部駅以南の踏切はすべて複線だ。

「種馬だって♪」

ぶぶまるが踏切名に激しく反応した。この奥に農耕馬の交配施設があるのかあったのかしたんだろうけど確かめに行く元気はないよ。踏切で遠望したけど駅の気配も全くない。こうなったら勘だ。踏切を渡ってすぐの細い道を左折して南下してみる。

「座りたーい💭」

おれもー💭って、おまえ、変な歩き方になっているぞ。

「股間をいじりながら歩いているんだから見ないでよ💭」

そういうことを大声で叫ぶ方が恥ずかしいと思うけど。と、突然目に入ってしまった。

「あーっ💭　牛だーっ💭」

おいらの、やった、駅だあっ💭という声は同時に叫んだぶぶまるの声にかき消された。

「ぶひひひひ」

駅よりも牛に注目してしまった自分が少し恥ずかしかったんだろうね。笑っているよ。駅の案内看板もなかったし、駅前三点セットのポスト、電話ボックス、つぶれた商店がひとつもなかったので、心の準備をする前に不意打ちで駅が現れた感じさ。

「あざらしくん。駅じゃないみたいだよ」

れれれれ。駅舎だと思ったら普通の家みたい……って裏だ💭　家の裏に駅があるぞよ。駅舎は線路の東側、国道から見ると手前側なので、踏切を渡った先の道を歩いてきたお

いらたちは駅舎とは反対側の二番ホーム側に到着した形なり。

石垣造りの堅牢そうなホームの向こうに赤いトタン屋根の駅舎が見えている。下り用の二番ホームから切り欠き階段を降りて線路の上を歩いて一番ホームに渡る。枕木を組んでこしらえた素敵な階段を降りると、おえーっ、おえーっ、おえーっと、誰かに首を絞められているような鳴き声の鳥が鳴いている以外はほぼ無音の空間に北豊津駅があった。

一四時〇六分、到着〜っ♀。国縫駅から一時間四三分。計算どおりだったりして。歩数計は一万六六八七歩。国縫駅からだと八三二七歩。駅間の歩数はほぼ同じなんだね。

それにしてもここは穴場駅だぞ。興奮するなぁ。と、アルミサッシの扉をガラガラーッと開けて駅舎の中に入ると、あらら。すぐ目の前が壁だったりして。お馴染みの四連椅子がふたつ並んでいるけど、座ると一メートル前が壁なんよ。建物の大きさの割に待合スペースが狭いなぁ。椅子以外にあるのは分別ゴミ箱だけ。利用者の顔が見えない駅なり。

時刻表を見ると長万部方面は二〇分後の一四時二九分だ。これを逃すと約三時間ない。それにしてもカメムシ臭いなぁ。堪えられなくて駅舎から退散すると、ぶぶまるが出てこない。カメムシ臭が気にならない特異体質なので駅舎内でくつろいでいるらしい。

おまえ、よくその悪臭の中で座っていられるなぁ。えっ。パン食べてるの？すごいな。

ぶぶまるを置いて改めてホームに出た。枕木の階段を上って一番ホームに出ると、この駅もホームが長くて驚く。少しずれた相対式ホームで構内は二線。踏切遮断機がある階段を下りた先にある下りホームは昔は島式でホームの向こう側にもう一線あった様子なり。

函館側を見ても長万部側を見ても見渡す限り直線、ってのが味気ない。

ちなみに北豊津駅は函館本線（札幌駅以南）の中では一番新しい昭和一九年開業組のひとつだ。開業時は北豊津信号所で、昭和六二年四月一日に駅に昇格しているんだね。

MORAL～カタツムリとトラ猫とピザ

ピヨピヨピヨピヨ……ゲップ♀

一四時二〇分。野鳥のさえずりをぶぶまるの特大ゲップがかき消した。

結局歩くことにしたよ。あと九分で汽車が来るというのに出発さ。線路の東側にある細い道を南に向かって歩くことにする。ギリギリまで国道には戻らない。それがふたりの一致した意見だ。国道と中道じゃ歩いている時の心持ちが天国と地獄ぐらい違うからね。

青空だし、寒くないし、国道じゃないし、もう一駅歩こうって気になるね♪

「はぁ〜〜〜〜〜〜〜っ……」

長い溜め息をつくなよ。これから行く黒岩駅（くろいわえき）はもう八雲町（やくもちょう）なんだからさ。

「えーっ♀　もう八雲に着くの？」

札幌駅からだらだら歩いてきて、気が付いたら八雲だよ。すごいな、おれたち。という言葉を全く聞かずに、何を考えたのか、突然ぶぶまるの歩くスピードが早くなった。

空気がきれいな裏道は景色を愉しみながらゆっくり歩いて、排気ガス地獄の国道は速足で歩きたいのに、逆だよ、こいつは。そんなに早く歩いたって汽車の時間が決まっているんだから駅での待ち時間が増えるだけだぞ。

「早く駅に着いて座りたいの💭」

次の駅まではレールベースで三・八キロ。普通に歩くと一時間ちょっとだろうね。汽車は三時間後なので、できるだけのんびり歩かないと待ち時間が辛くなるだけなのにばかみたく早歩きしている。急がないと駄目な時は愚図愚図するくせに、すべてが逆なんだよ。

「ねぇ、あざらしくぅ～ん❤」

なんだよ、突然可愛い声で。どうせろくでもないことを企んでいるんだろ。

「リュック持ってよぉ～❤」

なんでおれがおまえのリュックを持たないと駄目なんだよ。だいたいおまえはさ……

結局、持ってあげたよ。背中は自分のリュックがあるので、おなか側に背負う感じで。

「わーい、楽ちーん♪　肩が痛くないよ💭」

カンカンカンカン。北豊津駅構内の踏切の警報音が聞こえてきたぞ。

おれ、ひとっ走り戻って撮影してくるから、おまえ、ゆっくり歩いていていてくれ。

「やだーっ！　撮影やだーっ💭　行かないでぇ💭」

こら、つかむなよ。行かせてってって……、ああ、来ちゃったぁ。一輛編成のキハ四〇。

最悪さ。ぶぶまるがしがみついてきたし前後にリュックを背負っていて動きにくいので、予定していたベストポジションまでたどり着けなかったよ。もう……と、ぶぶまるのところに戻ると、傘の先で地面をつついて笑っていた。いや、違うぞ。カタツムリだ。地面を歩くカタツムリを傘の先でいじめてはニヤニヤしていやがる。やめろよってば。

「えへへへへへへ」

可哀想だろ。必死でおまえから逃げようとしているでしょ。

「気持ち悪いからいいの💭」

悪魔に殺されかけた運のないカタツムリを救出したところで、へなちょこ旅の再開だ。

緑の牧草地と青い空、納屋の赤いトタン屋根のコントラストが鮮やかで気持ちのいい線路沿いの舗装道路を南に向かってのんびりと歩く。

「ねぇ、今夜はどこに泊まるの？」

普通なら絶対に泊まらない温泉宿だよ。

「塩素殺菌している正しくない温泉ってこと？　なんで、そんなところに泊まるんだよ」

ここから近いし、支配人が気持ちのいい男なのさ。内容に共感したからって『温泉番長』をまとめて注文してくれたんだよ。自分の宿が載ってないのにさ。いい男だろ。

「なんかうんこみたいなものがいっぱい落ちてる💭」

こらっ。質問したなら人の話を最後まで聞けよ。

「サイロがいっぱいあるけど全部壊れてるね」

サイロはガスで死ぬ事故が相次いだからもう使っちゃいけないんだよ。今はサイロに入れなくても牧草ロールごとラッピングして発酵できるから御役御免なのさ。

「わあーっ、牛がいっぱい居るよ♪」

ぶぶまるが牛小屋に向かって走って行くと、ポンポンと跳ねるトラ猫がやって来て、ひと足先に牛小屋に入って行った。トラ猫、ぶぶまる、あざらしの順で牛小屋に近づく。

「窓ガラスがないから牛を見放題だよ。みんなこんにちはーっ💭」

ぶぶまるの元気な挨拶に牛たちが戸惑っている。トラ猫はどこに行ったんだろう?

「これから寒くなりますけど風邪など引かないでくださいね」

ぶぶまるが牛に話しかけている。牛たちが困っているぞ。ほら、どうしていいかわから
なくてみんなオシッコを始めちゃった。おっ。立派な二連サイロもある。まだ新しいぞ。

「佐橋牧場だって。あざらしくんの好きな佐橋だよ。松たか子の旦那でしょ」

正確には『あざらしの好きな佐野元春の二番目のバンドのギタリスト』だけどね。

その佐橋牧場を過ぎるとまた何もなくなった。何もなくなったのは全然いいんだけど、
道が緩やかに右カーブしていることが気になったりして。国道は左側を平行して走ってい
るので緩やかに左カーブしてほしいのに、このままだとどんどん国道と離れていくかも。

「国道に出られなくて、またこの道を戻ってくるのはいやだよ」

国道も右カーブしているかもしれないし、なんとなくこのままで行ける気がするよ。

「膝も腰も痛くなってきた。一回休ませてよ」

うん。少し先に見えているレンガ造りの廃屋で休もう。

「ピザ屋さんみたいだね♪」

石窯に見えるのかな。むむっ。あそこで道が右折しているように見えるぞ。まずいな。

「ぶひひひ。あざらしくん、歩くの遅いよ。もうちょっと早く歩けない?」

無理。自分だってさっきまで膝が痛いって騒いでたのに、何スタスタ歩いてるんだよ。

「あざらしくん、左に行けるよ♀。戻らないで済んだよ♀」

ひと足先にレンガの廃屋がある場所に行ったぶぶまるが叫んでいる。

そうか、レンガ廃屋のある場所が左右に分かれるT字路だったんだね。よかったぁ。

「あざらしくんが遅いから、ぼくは今のうちにおしっこをしとくよ」

そう言うとぶぶまるは恥ずかしがる素振りもなくスカートをめくって座り込んだ。

B・BLUE

「元気がないね」

うん。トシだからね。八歳差は大きいよ、はぁ、はぁ。こらっ。つぶしちゃ駄目だよ。ぶぶまるが足にできた水ぶくれを自分でつぶそうとしているので止める。

「ここ、ラクヨウがありそうだよ♡ 採りに行ってもいい？」

と、ぶぶまるが森に注目している時、おいらの目は前方の踏み切りを捉えていた。やった、線路だ、はぁ、はぁ。駅を目指す旅なので、線路が見えると安心するよ。

「早く駅に着いて休みたいよ。そして安全ピンで水ぶくれをつぶすの♡」

駄目っ♡ そういうものは自然に任せればいいの、はぁ、はぁ。つぶしちゃ駄目っ♡

「やだっ。早くつぶしたい♡」

はぁ、はぁ。

「どーしたのさ。なんで、はぁはぁ言ってるの？」

ごめん。ちょっと弱ってるみたい。

「わーっ、いい景色♪　踏切の向こうに海が見えるよ♡　ねぇ、これはウンチ？」

はぁ、はぁ、ウンチ以外のナニモノでもないだろ、はぁ、はぁ。

「大丈夫？　ねぇ、これもウンチ？」

カンカンカンという踏切の音に続いてガタンゴトンという列車の走行音が聞こえてきた。

振り返ると、先ほど渡った踏切を長い貨物列車が駆け抜けて行った。

「どうして、こんなにイモが落ちているのでしょうか？」

まもなく国道五号線に出た。そして危険と隣り合わせの路側帯を歩きながらやっぱり国道は嫌いだと思ったよ。しかも、なんなんだ。種芋？　小さなジャガイモがいっぱい落ちているでないの。ポロポロこぼれていることに気付いていない車が落としたんだろうなぁ。

「ねぇ、今どこを歩いてるの？」

もうすぐ八雲町に入るところだよ。次の黒岩駅は八雲町の北はずれだからね。

「あとどれぐらいで駅？」

一キロだとして一五分ぐらいかな。って急に早歩きするなよ。

ピピピピ。流古津橋(るこつばし)を渡ると八雲町に入った。ピピピピ。八雲町に入ると函館がぐっと近く感じるぞ。ピピピピって、忘れていたよ。四国八十八箇所巡礼歩数計の存在を。

ええと、第三六番札所の青龍寺に到着したんだね。ルコツ川に拝礼をしようかな、と思ったら、ぶぶまるが遥か前方を早歩きしている。ふざけているようには見えないぞ。

おーい♡。危ないから、ひとりで先を歩いたら駄目だよ♡

「ぷっぷかぷっぷかおならが出て止まらないから離れたの♡　えへへへへ」

笑ってるよ。あ、近づいてきた。可愛いなぁ。

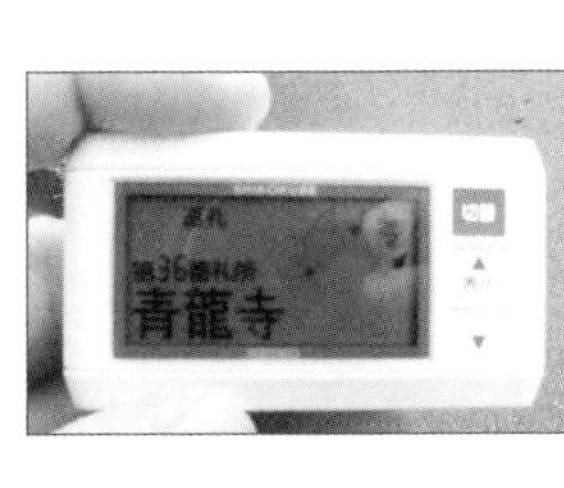

うおーん、うおーん。こわいなぁ。トラックがガンガン飛ばしていくよ。

「げふっ♀」

おならの次は特大ゲップかよ。八雲町のカントリーサインは鮭じゃなくて鮑なんだね。

「あああっ♀　ナンバーが変わってる♀『た』じゃなくて『や』だよ♀」

本当だ。見ると、パトカー看板のナンバープレートが八雲の『や』になっている。とすると長万部の『た』はなんの『た』だったんだろうね。

「これ、効き目ないね。みんな飛ばしてるもん。あれは誰のお墓？」

馬頭観世音って書いてあるから農耕馬とか馬車馬橇（ばそり）の馬の供養塔だよ。平成二五年に建立されたばかりってことは信心深い人がいて、わざわざ建て直したんだろうね。

歩きながらずっと見えていた緑色の屋根は廃校になった黒岩中学だった。大きな赤岩に『黒中魂永遠なれ』と刻まれている。そのまま映画のロケに使えそうな平屋の木造校舎だ。

「ああああっ♀　ベチョベチョになった♀」

いいものを見たかわりに靴がびしょびしょに濡れてしまった。思ったよりも水ハケが悪い地面だったのだよ。黒岩中学と隣接する公園のベンチでひと休み。やっと座れたぁ。

「これは何？」

教員住宅だろ。

「近すぎない？」

田舎の学校なんてそんなもんだよ。グラウンドの横に教員住宅があったりするからね。

木造平屋の黒岩中の隣には近代的で立派な校舎の小学校があるんだけど子供たちの声は

聞こえてこない。大きな窓から職員室の中をのぞくと書類がいっぱいあるし、閉校したわけではなさそうだ。たまたま休校日なんだろうなぁと思いながら校舎の裏手に回ると線路が走っていた。いいなぁ、八雲町立黒岩小学校は授業中に汽車が見える小学校なんだ。

「どうして八雲町立黒岩小学校だってわかったの?」

ほかの名前は考えられないだろ。あった、ほら、『思い出たくさんありがとう、黒岩小学校』って書いてある……ってことはここも廃校になっちゃったのかぁ。

黒岩小学校から国道に出ると『岩手サファリパーク』と『世界のモンキーセンター』の真新しい看板が貼ってあった。この看板、道内各地で目にするけど、行ったことがある道民ってどれぐらいいるのだろう。いつか行ってみたいなぁ、岩手サファリパーク。

あっ。食堂&民宿があるよ○。

「知ってるよ」

三秒前に看板を見つけたことを「知ってる」とか言うなよ。そこは「そうだね」だろ。

「さっきまでおならたれてたくせに威張るな○」

それはおまえだろ。おっ。麺類もあるみたいだよ。今回初めての食堂だから寄ろうか?

「いや○。それよりも、あざらしくんが歩いたところ漫画みたいに足跡がついてるよ」

ぷっ。本当だ。びしょ濡れのスニーカーで乾いた歩道を歩いているから足跡がついてるよ。おかしいね。と話した声はどがががと爆走する二輪車の音でぶぶまるに届かなかった。

むむむ。少し先に郵便局と自販機と商店があるぞ。ということは近くに駅があるはず○。

という叫び声も、うおーん、うおーんというトラックの走行音にかき消された。

あった。商店の手前を右に折れると正面に三角屋根の白くて小さな駅が見えた。黒岩駅だ。長万部駅と同じ明治三六年一一月三日に開業した歴史ある駅なり。

「お店に行こうよ」

先に駅だろ。えー?じゃないよ。目の前に駅が見えてるだろ。

駅舎に近づいて驚いた。国道からは見えなかったけど、駅舎の横に一目見て綺麗そうなトイレがあるでないの。美しいトイレが隣接する小さな駅は蘭越駅以来じゃないかな。ガラガラーッとドアを開けて駅舎の中に入ると向かい合うようにして四連椅子が三つ並んでいて、ほとんどの席に座布団が敷いてあるのよ。いいねぇ。愛されている駅だぞ。

一五時五三分到着。北豊津駅から一時間三三分かぁ。歩数計は二万四六〇三歩。北豊津駅からだと七九一六歩。のんびりペースさ。時刻表を見ると次の長万部行きは一七時〇八分だ。まだ一時間以上あるのであちこち撮影しようとホームに出た途端興奮しちゃった。

函館側から一番ホームに向かって延びる引き込み線に何かが停まっているんだもの。なんだろう、これは。白とオレンジのツートンカラーの保線用ディーゼルカーが見たことのない黄色い車輛を二輛牽引した状態で停めてあるぞ。うむ。正面から見ると接続用のアタッチメントが付いているってことは冬になったら除雪用ヘッドを付けて走ることができるATS搭載のDBR六〇〇形の仲間かもしれないぞ。番号が四二七だけど。

ううむ。ちゃんとした鉄道ファンだったらすぐにわかるんだろうけど、へなちょこ鉄道好きには何に使う車輛なのかも全く想像できないや。駅舎の長万部側半分が保線用器具の保管庫になっているみたいだし、きっと保線作業に使う特別な車輛なんだろうね。黄色い車体に赤い文字で『1』『2』と書かれているのも可愛いぞ。

ちなみに構内は単線で、少しずれた相対式ホームの二番ホーム側のレールは撤去されている。と思ったら下りホームは島式になっていて、ホームの向こう側の線路が生きていて下り用の二番ホームになっていた。複線だ。周辺駅同様、構内に跨線橋はなくて、切り欠き階段を降りて線路を渡るようになっているんだね。などと、ぶつぶつ言いながらホームの撮影をしている間、ぶぶまるは駅舎で爆睡していた。二万四六〇三歩も歩いたので疲れちゃったんだね。と寝顔を見つめているとパチッと大きな目が開いて顔が赤くなった。

「やだぁ、見ないでよ。ねぇねぇ、今日はもう歩かなくてもいいんだよね?」

くねくねと変な動きをしながら可愛い声で甘えてくる。

どうしようかな。まだ一時間あるからあと一駅だけ歩きたいんだけど……。

「いやぁーっ。ここで帰るったら帰るーっ♀」

わかったよ。ここで終わりにするよ。でも、まだ一時間あるから駅周辺を探索するよ。と、外に出ると、うおーんうおーんと車が行き交う国道へと戻った。

「手作り豆腐の古沢商店だって。看板があるよ」

この時間だから豆腐屋はもうやってないだろうね。やってるとして、何を買うんだよ?

「えへへへへ。何か売ってもらえるものはありませんか?って訊いてみたいんだよ」

国道を渡って、古沢商店を探していると『スモークハウス』と書かれた燻製工場を発見した。水産会社がある様子だけど、肝心の豆腐屋が見当たらない。

「もういいよ。別に豆腐なんて食べたくないし」

おまえ、顔にテンテンっていっぱい付いてるよ。また雪虫の群れに突っ込んだんだろ。

「ふーっ、ふーっ、ふーっ💭」

吹いたって取れないと思うよ。豆腐屋はあきらめて『ナイスショップ加藤』に行こう。

駅前の商店はコンビニエンスストア風の造りをしている。でも『ナイスショップ』というコンビニチェーンは見たことないなぁ。おいらが知らないだけなのかな。

店内に入ると、まさしくコンビニという風情でいろいろ売っている中で、可愛い牛の絵が描かれた『やくもせんべい』が目に入った。地元の永井製菓のお菓子だ。よし、これを買おう💭と手に取って振り返ると、ぶぶまるはチョコベビーを手に取っていた。

飲み物も買わないとね、と、店の奥の飲み物コーナーに行くと、ありゃりゃ。こんなところに黒猫が居たよ。おとなしい子なのでさわり放題だ。

「猫ちゃん♪」とぶぶまるが叫ぶと「にゃあ♪」と返事をした。

「わぁ、すごいね。お返事するよ♪」

ほめられたのがわかったのか、一段と大きな声で「にゃあ♪」と鳴いて甘えてきた。

「誰でもいいのさ。あはははは」

酒コーナーでしゃがんでいた二人のおじさんのうち一人が少し寂しそうに笑った。飼い主なんだろうね。名前を訊くと、

「クロです」

「野良出身です」

と、二人のおじさんが順番に答えてくれた。どちらかがお客さんでどちらかが店主なのだろうか。見た目では判断できないや。クロちゃん、よかったねぇ。幸せだねぇ。

「にゃあ♪」「ほら誰でもいいのさ」「にゃあ♪」「やーん、おっかけてくるよぉ♪」

そんな幸せなニャンコタイムを振り払ってレジに行き、経営者らしきおじさんと黒岩小が廃校になったのはいつですか。三年前ですみたいな会話をして外に出た。

あれっ。これ、おまえが捨てたゴミじゃないの。ビッグカツの包装袋が落ちているよ。

「違うよ。ぼくのほかにもビッグカツを食べた人がいるんだよ。ぶひひひ。わーっ、目の中に雪虫が入った💭。もうやだーっ💭」

ぶぶまるはトイレへと走り、おいらはガラガラーッと再び駅舎に入った。

運賃表を見ると中ノ沢駅まで二六〇円と書いてあるので二人分の小銭を用意していると「まもなく列車が入ってきます。通路を横断しないでください」というアナウンスが流れた。カンカンカンカン。あ、カメラ、カメラ、油断してたよ。大慌てで駅構内を通過する貨物列車を撮影すると、ぶぶまるがトイレから戻ってきた。

「もう汽車は撮らないでって言ったでしょ💭」

わかったよ。理由はわからないけど汽車を撮ろうとするとぶぶまるの機嫌が悪くなるんだ。おいら、本能的に汽車を撮りたい衝動に突き動かされるので抑えるのが大変さ。

このあとも北斗星や貨物列車が通過したけどぶぶまるがにらむので我慢、我慢。

わがままジュリエット

黒岩駅のトイレは函館本線の小樽駅から先ではベストスリー間違いなしだ。くみ取りなのに、地元の皆さんが大切に管理しているので清潔なのだよ。もちろんペーパー付きね。見ると、消防署の前におばあちゃんが三人腰を下ろしている。バスを待っているんだね。近くの加工場で働いた帰りかな。あ、バスが来た。うげっ。痛風も来た。いたた……。

駅舎に戻ると辺りが暗くなって雨が降り出した。次の駅まで歩かなくて正解だったよ。

「暗いね。電気つかないの?」と、ぶぶまるが言ったのと同時にパッと照明がついた。タイマーなのか明るさのセンサーなのかはわからないけどナイスタイミングさ。

「まもなく列車が通過します。危険ですので……」

まただよ。通過列車だらけだ。寒いなぁ。一〇月下旬だからなぁ。暖房が恋しいぞよ。

駅舎の時計がジャスト一七時になったので音波時計を見るとこちらもジャストで誤差なし。時計には『第四八回黒岩中学校卒業生一同』と書かれている。いいなぁ。あの木造校舎を思い出して気持ちがほっこりとしたよ。地元に愛されている駅の見本のような駅だ。

一七時〇五分。三分前なのでホームに出ると、雨は上がって見事に晴れていた。夕間暮れの空は怪しげな深い青色をしていて、昼でもなく夜でもない特別な顔をしていた。

線路の上を歩いて下りホームに立つと、「まもなく列車が入ってきます……」というアナウンスに続いて函館方面からキハ四〇のヘッドライトがゆっくりと近づいてくる。

「あれっ。あっちからも来るよ」

本当だ。時刻表には出ていなかったけど一番ホームにもヘッドライトが近づいてきたぞ。上りは通過列車だろうけど、絶妙なタイミングで上りと下りが入ってきたので大興奮さ。

乗り込むと、長万部行きの普通列車には夕方だというのに二人しか乗客がいなかった。

「次は北豊津です。運賃は運賃表でお確かめのうえ、釣銭の要らないようご用意ください。なお、終点長万部まで禁煙となっております。禁煙にご協力ください」という車内アナウンスを聞きながら車窓のトワイライトブルーに目を奪われた。ぶぶまるは眠っているよ。

最初の北豊津駅では一人も乗り降りしなかった。

「あの家、電気がついてるよ。人が住んでるんだね」

いつのまにか目を覚ましたぶぶまるが駅舎と間違えた駅裏の家を指さしてつぶやいた。

「この列車は長万部行きワンマン列車です。前乗り前降りでご利用いただけます。運賃は運賃表で……」というアナウンステープが終わると車内は再び沈黙に支配された。聞こえるのはガタンゴトンという走行音と時々通過する踏切の警報音だけ、だったんだけど、国縫駅を過ぎると窓を叩きつけるような雨の音が加わった。全く気まぐれな天気だよ。

「まもなく中ノ沢です。お降りの方は前の方にお進みになり……」

ほら、降りるよ、ぶぶまる。起きて。

「眠い……」

駄目だよ。寝たら駄目♡。起きてってば、もう着くんだから。

「あれっ？　あざらしくん、ぼくの傘は？」

中ノ沢駅で下車してからは地獄さ。

真っ暗だし、大雨だし、寒いので、一秒でも早く、駅からすぐ近くにある温泉宿に行きたかったのに、コンビニで買ったビニール傘に執着するぶぶまるが、あの傘を見つけるまでは宿に行かないと大暴れしたんだもの。また買ってあげると言っても、雨の夜の運転は目が痛くなるから勘弁してほしいと頼んでも「探すったら探す♀」の一点張りさ。

仕方ないので今日歩いた道をすべて車で走り直したんだ。真っ暗な雨の中をね。地獄でしょ。あったよ。見つけたよ。最後の黒岩駅で。目が痛くて死にそうな中でね。

「傘あったね。ぶひひひひ。今日一日一緒に歩いた傘だから感慨深いよ」

「ねぇ、早く宿に行こうよ。おなかすいたよ」

「あれっ、あざらしくん、どうしたの？　無口だし、顔色が悪いよ。倒れるの？」

まだ倒れないよ。宿に着くまではね。

ONLY YOU

えっ。支配人さん、代わっちゃったんですか？

土砂降りの中、ようやくたどり着いた温泉宿のフロントで一気に脱力してしまった。

「去年の一〇月に経営会社が変わったので支配人も交代したんです。ただ、前の支配人は引き継ぎのために一年間残ってくれましたので、先月いっぱいまでは居たんですよ」

えええっ。一カ月早かったら会えてたってこと？　遅かったかぁ。自分の宿が載ってな

いのに内容が気に入ったからって本を売ってくれた支配人に会いたかったなぁ。

義理で選んだ宿の義理を果たせないとわかると、ここに泊まる意味がなくなってしまった。なんのためにここに居るんだろ。従前からアラばかり目につくよ。吐きそうさ。

広いけど煙草臭い部屋。脱衣場も脱衣駕籠も浴槽の中も汚い温泉。原価を削った食事。口直しにビールを三本飲んだけど吐き気は消えなかった。ぶぶまるがテレビを見ながら何か話しかけてきているけど意識が遠のいて耳に入らない。もう目が見えてないんだよ。

あまりにも機嫌が悪いことにびびったんだろうね。さすがのぶぶまるも喧嘩を売ってこなかった。珍しく一度も喧嘩をしなかったことだけがこの夜の救いだったなぁ。

名誉のために書くと、この宿、スタッフの応対だけは素晴らしかったです。

温泉は非塩素非循環の自然湧出泉だけど経営者は従業員を見下し従業員は客を見下している宿と、塩素臭い循環温泉で清掃も食事も最悪だけど、スタッフが実に気持ちのいい宿となら温泉の神様はどちらにほほ笑むのだろう。そもそもほほ笑むのかいな、神様。

何時ごろだったのだろう。夜明け近く、ぶぶまるが布団に入ってきた。

「ねぇ、あざらしくん。ぼくに言ってほしい言葉ってある?」

言われたくない言葉はいっぱいあるけど、言ってほしい言葉は特にないよ。

「そうなの?　ぼくって、あざらしくんを元気にするのにあまり役だってないんだね」

そんなことないよ。おまえの存在がおれを元気にしているよ。居るだけでいいんだ。

そう言い終わるのと同時にぶぶまるの唇が重なってきた。

神与えたまい、神奪いたもう。

北海道の鉄道NEWSスクラップ その13 2019.02.01▶02

辛口だよ

日高本線不通区間の高波被害がこんなに惨いのに

【二〇一九年二月一日】高波により鵡川駅〜様似駅が不通になって四年目となる日高本線の現在の被害状況がこの日発表された。

ＪＲ北海道、北海道河川砂防課、沿線自治体の担当者ら一四人が二〇一八年一一月に被災現場を歩き、目視確認した状況を二カ月かけてまとめたものだ。

報告によると、高波の影響で護岸壁が崩れ亀裂などが生じた被害箇所は二〇一七年一〇月の前回調査で報告された一二カ所から三五カ所と三倍近く増え、被害区間の総距離も一〇九二メートルから二七九四メートルとこちらも三倍近く増えたそうな。

中でも新冠町の大狩部駅周辺は被害箇所が五カ所から二三カ所に、被害区間が四二九メートルから一〇四五メートルに拡大し、湾曲したレールが宙づりになっているなど見るも無残な状態だというのに、本来、早急に修復する責任があるＪＲ北海道が北海道新幹線による経営難を理由に応急措置しかしてこなかったため被害が拡大している。

今回の報告を受けてＪＲ北海道は「地元が廃止に合意すれば整備してもいいですよ」だって。

胸を痛めるどころか、交渉材料にしか見えていないんだね。

北海道の二〇一九年度予算案で鉄路維持費は……

【二〇一九年二月一日】高橋はる

大狩部駅から見える土砂流出被害

大狩部駅周辺の侵食被害が深刻だ

日高本線の土砂流出宙吊りレール

み知事にとって最後の編成となる二〇一九年度の予算案がまとめられた。一般会計は総額**二兆六〇〇〇億円**程度になるとのこと。報じられた内容を見ると、四月に知事選を控えているためか意欲的な新規事業もなければ道のリーダーとしての意気込みも感じられない無難でつまらない予算案となっている。

　突出して増額されたのは北方領土対策費だ。前年比**五割増**の**七億円**ですと。月八〇万円を節約するために廃止される駅があるのに、七億円。ほかにも広告代理店ばかりが儲かってアイノにはなんの恩恵もないウポポイのPR費などは増額したのに鉄路の維持は自らが会長を務める北海道鉄道活性化協議会用に前年比**五〇%**の**二〇〇〇万円**を計上しただけだ。さすが、この後知事を辞めたら自民党の議員に転身する高橋知事。北海道の鉄道網を壊すだけ壊した己の無策に胸は痛んでいないのかいな?

札幌駅〜夕張駅を三輛編成の特別列車が往復運行

【二〇一九年二月二日】四月一日に廃止される**石勝線**の**新夕張駅**から**夕張駅**までの区間（石勝線は本線ではないし元々こちらが本線なので夕張支線という表記は間違い）の廃止決定後初の特別列車**元気です夕張号**が一往復だけ運行された。**キハ四〇**の一七二〇番を先頭とした三輛編成で、定員は一一〇名。**札幌駅**を出た特別列車は**岩見沢駅**経由で**夕張駅**に着き、復路は**南千歳駅**を経由するという夢のような特別コースで、**夕張駅**ではご当地キャラのメロン熊たちが出迎えてくれたりして一見美談だけど、いつでも簡単に廃止可能なうえ維持費が決して安くないバスに転換後、夕張の交通インフラが維持される保証は全くない。なのに、この線区を積極廃止した夕張市長が二カ月後に北海道知事になるのだからマスコミの美談誘導は恐ろしいよ。重い問題意識よりも軽い美談、現実直視よりも思考停止で世も末さ。

網走駅〜知床斜里駅を流氷物語号が今季も運行!!

【二〇一九年二月二日】流氷ノロッコ号の後継として導入された**流氷物語号**が三月三日まで一日二往復の運行を今年も開始した。

平成10年から無人駅だった夕張駅

簡易委託の有人駅だった南清水沢駅

夕張駅の一駅手前にある鹿ノ谷駅

BUBU

20日目 黒岩駅から鷲ノ巣駅まで

I want to hold your hand

2015.10.25 sun

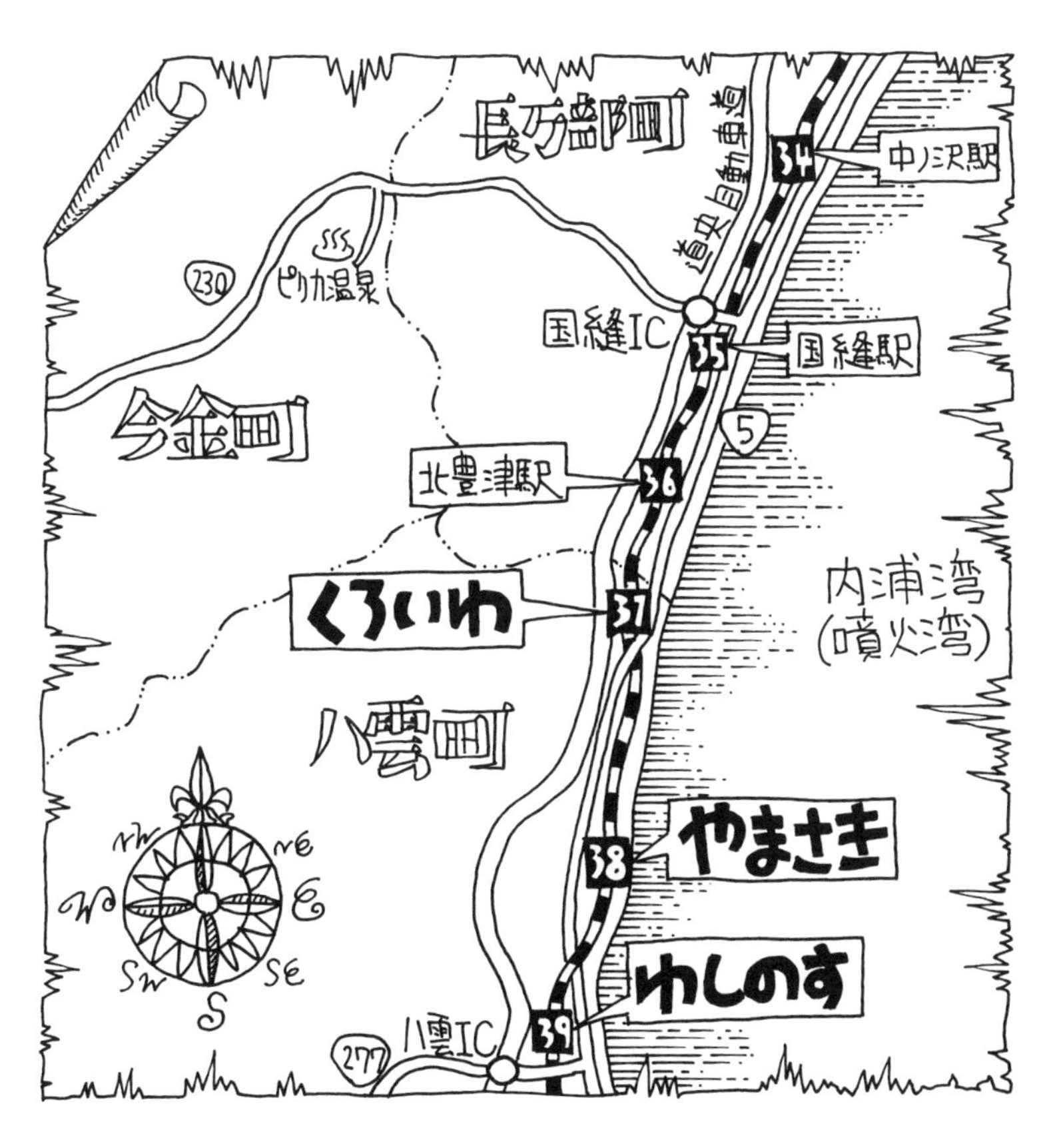

Foolish Gambler

雨は明け方近くに雪へと変わっていた。

寒いぞ。おなかが冷えちゃったので下痢ピー絶好調なり。

九時三〇分にチェックアウトする予定だったけど、朝、ちょっとした事件が起きたので一〇分遅れの九時四〇分に車に乗り込む。宿の駐車場は雪で真っ白。初雪だ。

朝のちょっとした事件は眼鏡だった。眼鏡を拭いていたらプーンって何かが飛ぶ音がしたんよ。見ると鼻に当てる透明なパーツが片方なくなっているでないの。ぶぶまると二人で部屋中探し回ったけど透明なので見つけにくくて時間切れで断念した次第。

鼻当てを止める部品の先端が鼻に刺さるので眼鏡をかけるとチクッと痛い。でも、眼鏡をかけないと何も見えないので痛いのを我慢して一日過ごすとするよ。とほほ。

雪景色は山の中だけだった。

国道に降りると白いものはどこにもなし。代わりに冷たい雨が降っているぞ。最悪だ。

今日はふたりともダウンジャケットで歩くので濡れると重たくなるし、せっかく乾かしたスニーカーもまたびしょびしょに濡れてしまう。雪の方がマシだったよぉ。

一〇時一〇分。黒岩駅前に車を駐めてドアを開けた途端、ぶぶまるが暴れた。

「寒いよぉ😢。歩きたくないい😢」

そんなぶぶまるをなだめる暇もなく、おいらは駅舎横のトイレに駆け込む。朝から下痢ピーなのだよ。トイレがあったらとりあえず尻を出す。歩き旅の鉄則なり。

トイレから車に戻ると、ぶぶまるがぐっすりと眠っていたので揺り起こすと、

「夢を見てたよ。あざらしくんの夢」だって。寝ぼけた顔で可愛いことを言うなよ。

おいらもぶぶまるが布団に入ってきてキスをしてきた夢を見たような気がするけど、あれは現実だったのだろうか？　いや、きっと夢だ。そういうことにしておこう。

「ぼくは車で待っているからひとりで歩いてきなよ」

ぶぶまるくん、それはできないんだよ。覚悟を決めてください○。

「えええっ……○。わかったよ。準備すればいいんでしょ。靴はどっちがいい？」

切り返しが早いなぁ。靴は水濡れに強い方にしなさい。ダウンを着て、ネックウォーマーをして、帽子もかぶって、完全防備で歩くからね。

「手袋もするよ。毛糸の手袋。ぼんぼりが付いていて可愛いんだよ♪」

はいはい。と、なだめておだててリュックを背負わせて、一〇時一八分スタートさ。

昨日と違ってナイスショップの店番はおばちゃんだった。温かい飲み物は何があるのか
「甘酒でしょ、ブラック無糖でしょ、午後の紅茶でしょ……」

問うたところなり。ぶぶまるを見ると「ぼくはお茶でいい」という顔をしている。

じゃあ、緑茶と十六茶を一本ずつください。

「はい、あちちちちっ○。」

長期間売れていなかったんだろうね。

おばちゃんは「あちち、あちち」と大騒ぎしながら緑茶と十六茶を袋に入れてくれた。

お代は二四〇円也。財布をまさぐりながら、ふと見ると、栄養ドリンクがあるぞ♪　お弁当もあるし、なんでも売ってるんだなぁ。それもください。エスカップ。

「二〇〇円です。今飲んでいきますか？」

今飲んでいきます。今日はクロちゃん居ないんですか？

「あらっ。クロを知ってるの？」

「昨日、名前を呼んだら返事をしてくれたんだよ。にゃおーって。ぼくもおやつ買っていい？　大福とサンドウイッチ♪」

いいよ。クロちゃんは何年前から飼ってるんですか？

「もう五、六年経つんじゃないかしら。三七五円です」

「ええーっ♀。小さいから赤ちゃんかと思ったよ♀」

店の奥をのぞいてみたけど、この時間はクロもおじさんもいなかった。

さあ、そろそろ行くぞ。国道五号線を南に向かって歩きだす。

ぶぶまるが昨日忘れて大騒ぎをした傘をさそうとしたけど、歩き始めるのと同時に雨があがったので今日も出番なしのお荷物確定だ。リュックにひっかけて歩く。

ダウンジャケットのポケットに入れたお茶が温かくて気持ちいい。

「何コレ？」

見ると、壁が真っ赤に塗られて表札の出ていない家の玄関に大きく『11月10日』と書かれた紙が貼られている。なんだろう。意味不明だなぁ。怖いなぁ。

何かの集会があるとしたら時間や集会名も書かれているはずだけど日付しか書かれてい

ない。なんだか朝から見ちゃいけないものを見てしまった気分だよ。忘れようっと。

歩きだしてまもなく、長万部駅以来ずーっと国道五号線の右側(山側)を走っていた函館本線が目の前で海側へとシフトした。つまり、今歩いている国道が跨線橋になるということだ。いきなりの上り坂だ。しかも、まいったな。歩道がなくなっているぞ。

さてと、どうしよう。このまま歩道のない国道を歩いて行くのも芸がないし危険なので、国道に合流できると信じて、しばし下道を歩くとしようかな。

「大丈夫? 行き止まりじゃない?」

心配性のぶぶまるが不安げにこちらを見ている。エスキモーみたいな毛むくじゃらの帽子が似合っていて可愛いぞ。そう、ぶぶまるはたいていの帽子が似合うんだ。

跨線橋の左側に商店らしき建物が見えた。

コカコーラの自動販売機もあるし、中津原商店という看板も出ているけどシャッターが閉まっていて二度と開かない風情なり。

その近くの建物に『黒岩奇岩⇨』と書かれた案内看板が貼られている。この先何メートルという距離が表示されていないので若干不安だけど、せっかくなので見てみようか。

「靴が濡れたからもう歩きたくない。今日はやめようよ」

水濡れに強い方の靴を履くように言ったのに可愛い方の靴にしたから、歩いて早々にびしょ濡れになったことがショックなんだろうね。今にも泣きだしそうな顔をしているよ。

「でも昨日よりも寒くないね」

この秋一番の寒気が流れこんでいて死ぬほど寒い日に何を言い出すんだろう。無視。

Sunday Sunshine

いいかい、ぶぶまるくん。今日の最高気温は昨日より一〇度も低いのだよ。朝方、初雪も降ったでしょ。と教えても、頑固なぶぶまるが「昨日より寒くない」と言い張るので、帽子とか手袋とか昨日よりも防寒を徹底しているから暖かく感じるだけで、大陸から真冬なみの寒気が入ってきているのだから、おまえが暖かく感じたとしても昨日より寒いの〇。と説明をすると、「それが何さ〇。ぼくは今日の方が暖かいと思うんだから、それでいいでしょ〇。」と吐き捨てて黒岩奇岩方面へとスタスタ歩いて行きやがった。

やれやれ。進化論を否定したり神話を盲信する非科学主義者たちと一緒だよ。

でも、車に戻らないで奇岩方面に歩き出してくれたから結果オーライかな。歩いてなんぼのへなちょこ旅だからね。

高架下の『黒岩奇岩⇦』と白抜きで書かれた青い看板を左折して、海岸へと向かう砂利道を歩いて行くと、ぶぶまるの後ろ姿と一緒に不思議な光景が目に飛び込んできた。

赤い鳥居と白い灯台。灯台じゃなくて煙突?　いや、石碑かな。なんだろう。

奇岩というから日本海側でよく見かける親子熊岩みたいな巨岩を思い浮かべていたけど、海岸線は砂浜で、奇岩以前に巨大な岩が見当たらないぞよ。目の前に少しだけ、溶岩の塊みたいな黒くてゴツゴツしたパンチパーマ状の岩があるだけじゃん。

と思ったら、この黒くて迫力のない岩が黒岩奇岩だったんだね。と思ったのは、岩上に

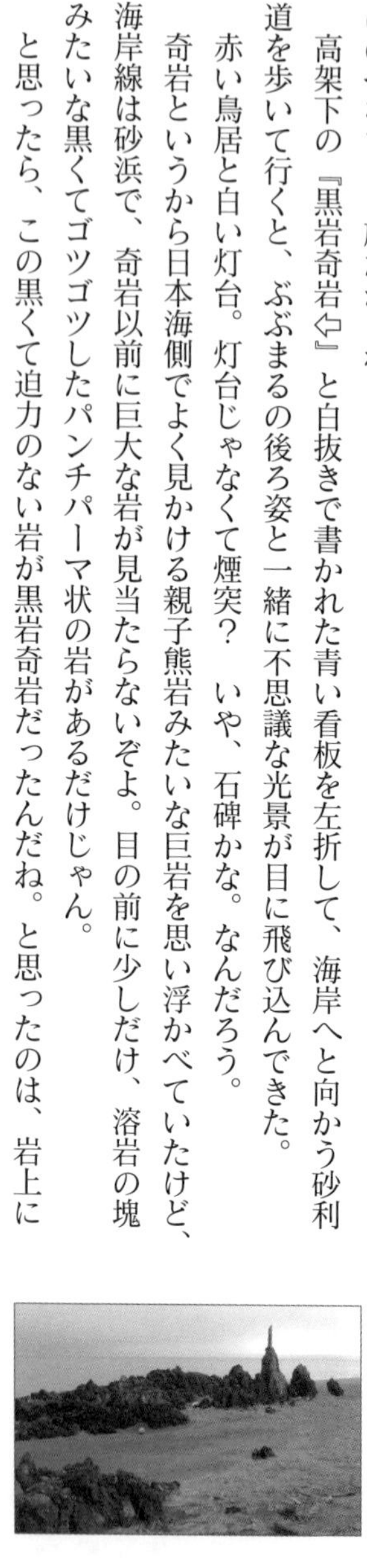

奉られている赤い鳥居をくぐると、朱塗り欄干の橋が別の岩まで架けられていて、橋の先には同じく朱塗りの祠があったからだ。説明看板らしき石板があるにはあるんだけど風化してのっぺらぼうだ。判読不可能。謎は深まるばかりだよ。

お賽銭でも入れようと橋を渡って祠まで歩くと、祠の扉は鉄の棒でふさがれていた。鉄の止め棒を抜くと祠の扉を開けられる風情だけど、なんだかバチが当たりそうな気がしたので、しばし沈黙を貫いているぶぶまると一緒に拝礼だけして橋を戻った。

波の音がザザーン、ザザーンと大きく響いている。

煙突に見えていたのは石碑で、『御即位記念碑』と刻まれている。文字はクッキリとしているけど岩が古いので昭和天皇の即位記念だろうか。辺りには使い古した漁具などのゴミが散乱していて石碑のてっぺんにとまっているカラスが少し寂しそうに見えた。

うぐっ。急に吐き気がしてきたぞ。酸っぱいものが込み上げてきた。下痢ピーもおさまっていないしトイレはないかな……と思って駆け込んだ建物は東屋だった。

「ねぇ、どれが奇岩なの？」

鳥居の下でぶぶまるが叫ぶ。沈黙を貫く意地よりも好奇心が勝ってしまったらしい。

砂浜にここだけポツンと溶岩性の岩があるから、こいつらが全部奇岩なんじゃないかな。この東屋から眺めたら奇岩らしく見えるからこっちにおいでよ。

「やだね」

雲が割れて光が射してきた。すごいよ。奇岩パワーで晴れてきたみたいだ。再び拝礼。

よし、先を急ぐとしよう。奇岩は黒岩駅からすぐなのでみんなも行くといいぞよ。

黒岩奇岩から国道に戻らないで海岸沿いの細い舗装道路を南下する。

　ここから先はちょっとしたギャンブルだ。今歩いている海岸沿いの道と国道五号線の間を線路が走っているので、国道に出るには安全面からもコンプライアンス面からも踏切を渡らないと駄目なのだよ。つまり、踏切がなかったら国道に出れないということさ。

　なんだかいやな予感がするなぁ。またこの道を戻るのかな。と、歩を進めていくと海沿いの舗装道路が途切れた。ここから先は細い砂利道で、線路より海側にあるのは漁師の作業小屋ぐらいだ。この砂利道もどこまで続いているかわからないし、無理だな、これは。

「ねぇ、ここを渡ってもいいんじゃないの?」

　ぶぶまるが漁師小屋の前で線路を渡ろうとしている。

　駄目だよ💭。特急とか貨物がガンガン走っているんだから線路を横断したらひかれて死んじゃうでしょ💭。踏切以外を渡るのは絶対に駄目💭。戻るぞ💭。

「戻るのはいやだ💭。戻りたくない💭。戻ったことにして書けばいいでしょ💭」

　そんなことはできないよ。駄目なものは駄目。時間がもったいないから急いで戻るぞ💭。

　この後の動きは早かったなぁ。奇岩に戻って、国道に戻って、国道を歩いて。ごおおおおっ、ごおおおおっと車はうるさいし、排気ガスは臭いし、やはり国道はろくなもんじゃなかったけど、片側だけでも歩道があることが唯一の救いだったよ。

機嫌最悪のぶぶまるは少し離れて後ろを歩いている。振り返るとにらみつけてきた。

バス停『シラリ川』の近くにある平屋の煙突からもくもくと煙が上っている。

薪ストーブなのかな。暖かそうな煙だね♪

めいっぱい明るい口調で、そうぶぶまるに話しかけたけど無視さ。

国道の左側は線路で、線路の向こうには海。ただそれだけの道がずーっと続いている。

ぶぶまるが口をきいてくれないので海を見ながら黙々と歩いてたら、ああ、今おれたちは道南を歩いているんだなぁという実感が湧いてきた。緩やかな砂浜とベタ凪の海。八雲辺りの海岸線はかなりの高確率でそんな優しい顔を見せてくれる。

ありゃっ。歩道がなくなっちゃったぞ。と心の中で叫んだ瞬間、ああーっ💬と今度は口に出して叫んでしまった。函館行きの一輛編成キハ四〇が予告もなく走って行ったんだもの。近くに踏切がないので完全な不意打ちさ。慌てて何枚か撮ったけど逆光だったよ。

ぶぶまるがにらんでいる。汽車の写真を撮ったことが気に入らなかったんだろうね。

歩道がなくなったので国道の右側にシフトして路側帯を歩く。靴がびしょ濡れなので歩きづらい。次からはふたりとも長靴にしようっと。かっこつけてる場合じゃないからね。

白糠橋（しらぬかばし）を渡る。恋問（こいとい）とか白糠とか、まるで道東を歩いているみたいだよ。

相変わらず種イモが落ちている。二、三メートル間隔で転がっていて、まるで何かの罠みたいだ。

これを拾いながら歩いたら大きなザルが上から落ちてきたりしてね♪

無視。にらみつけている。

左側にパーキングが見えるぞ。セブンイレブンの配送トラックが冬タイヤに履き替えていたりするけど、トイレはなさそうだなぁ。この先もしばらくないだろうな。ということは三〇分以内に野糞をする確率が高いってことかよ。まいったなぁ。

ぶぶまるはむっつりしているし、国道だし、店もないし、本当につまらない道だ。おなかは痛いし、吐き気はするし、ささやかな楽しみといえば、二、三メートル間隔でポツンポツンと落ちている種イモぐらいなもんさ。ありがとう、種イモくん。

ふたりとも満身創痍で歩いていると、昼なのにヘッドライトを点けたばかが走り去った。目が痛くてしばらく何も見えなくなる。こういうばかは死んでほしい。

函館まで八五キロと書かれた青看板が見えた。着実に函館駅に向かって進んでいることが実感できてうれしいねとぶぶまるに話しかけたけど、それも無視された。

八雲名物の笹団地の横を歩く。国道の右側がずーっと笹団地だ。

初めて目にした時、この風景がひたすら不気味に感じた。違和感がハンパなかった。もともと樹木が茂っていた山が無慈悲に伐採されてハゲ山になり、笹だけが群棲したのが笹団地だ。改めて見ても気持ち悪いや。襟裳岬といい、笹に一党支配されたらほかの植物の種子はなかなか育たないらしい。植物も政治も一党支配は気持ちが悪いってことか。

「撮らなくていいの?」

笹団地を撮るの?　別に撮らなくていいよ。

「違うよ。そっち、そっち」

ぶぶまるの声が優しくなっている。うれしいな。機嫌が直ったのかな、と、ぶぶまるの

顔を見つめていたら、その後方を長万部行きのキハ四〇が通り過ぎて行った。うぎゃあ♡。

「海をバックに最高のシャッターチャンスだったのにね」

そう言うと、人の失敗がうれしかったのか、満足そうな顔で「ぶひひひひ」と笑った。

Monkey Dancin

なんとなく仲直りしたふたりは国道から少し山側に入った場所で連れしょんをした。

ごおおおおおおっ、ごおおおおおおおおっ♡。

用を足して国道に戻ると騒音と排気ガスの現実がふたりの歩く気持ちを削ぐ。

足元は水溜まりだらけだ。水溜まりを避けようとすると路側帯ギリギリを走る車がものすごいスピードで通り過ぎるので怖いのなんのって。ぶぶまるを守るようにして歩く。

走っている車から見たら、へんてこな二匹が路側帯の中を真っすぐ歩かないで変な動きで踊っているように見えるかもしれないけど、水溜まりを避けて歩いているだけで当人は真剣そのものなのだよ。

おっ。海側に集落が見えてきたぞ。線路の海側に民家が並んでいる。

バス停に『大川』と書かれているので大川という集落なんだろうね。目指す山崎駅はそう遠くないはずだ。いいぞ、いいぞ。急に元気が出てきたよ。

ちなみに山崎駅はヤ・マ・ザ・キじゃなくてヤ・マ・サ・キと読む。旭川駅は昭和六三年に八三年間使用してきたア・サ・ヒ・ガ・ワからア・サ・ヒ・カ・ワに改称したけど、山崎駅は最初からヤ・マ・サ・キだ。

あと三〇分ほどで正午だというのに気温は全く上がらない。

昨日の服装の上にダウンを着ているのに、それでも寒い。ぶぶまるは一度「昨日より暖かい」と言った手前、寒くても寒いと言えずに無言で震えている。

チクチクと鼻が痛い。

眼鏡の部品が鼻に刺さるんだ。途中、眼鏡屋でもあったら修理したいけど、眼鏡屋どころか、つぶれかけた雑貨屋さえ見当たらないよ。

相変わらず種イモが点々と転がっている。どれだけ落として走っているのだろう。目的地に着いた時は半分ぐらいなくなってるんじゃないのかな。

ごおおおおおおっ、ごおおおおおおおおっ。

ぶぶまるが何か答えたようだけど、騒音にかき消されて届かなかった。こっちの声も聞こえなくて「なに？　なんて言ったの？」と叫んだのかもしれない。きっとそうだ。

残念。正解は「喉が渇いたよぉ」だった。

車の流れが途切れた瞬間、「喉が渇いたよぉ」という切ない声が聞こえてきた。飲み物を買ってあげたいけどずーっと商店も自販機もないんだ。ごめんよ。ごめんよ。

国道五号線を黙々と南下していると、中央分離帯があるところまで来た。

中央分離帯はあるけど歩道はない。周辺に民家なんてないので、車と歩行者の事故を心配するよりも車対車の事故を防ぐ方が優先ってことだろうね。致し方なし。

青いライトを点滅させたニセモノパトカーが駐まっている。効果はあるのだろうか。

貨物列車が通過したけど踏切の警報音が聞こえてこなかった。ということは近くに踏切がないってことかぁ。ということは山崎駅はまだまだ先ってことかいな。うぎゅう。

国道のすぐ左が線路で、その向こうが内浦湾。右手は相変わらず笹団地が続いている。

ひとつの生物に支配された世界は見ていて気持ち悪いものだよ。それは何かのきっかけで笹が病気になったら、その世界そのものが絶滅することを人は本能的に知っているからだと思う。真の進化は変化じゃなくて多様化だ。憲法改悪論者が「変化こそ進化」みたいな寝ぼけたことを言っているけど、正解は「多様化こそ進化」だと教えてあげたいよ。

全員が同じ方向を向かない世界こそが未来を生き残れる世界ってことなり。延々と続く笹団地を見ていたらそんなややこしいことを考えてしまったよ。

少し前を歩くぶぶまるのすぐ横を牧草ロールを満載したトレーラーが走り抜ける。

ぶぶまるが振り返って何か叫んでいる。騒音で届かないけど「怖いー☺」だろうね。すぐにでも走って行って追いついて、なぐさめてあげたいんだけど、痛風で足が痛くて早く歩けないんだ。腰も痛いし、おなかも下痢ピーだし、眼鏡の破損で鼻はチクチク痛いし、ぶぶまるの態度が冷たいから心も痛いし、もう痛いところだらけだよ。

人生とは修行なり。男らしさとは痩せ我慢なり。

そうつぶやくと、どこも痛くない顔をしてぶぶまるのもとに走った。そしてわかった。

ぶぶまるが叫んでいた言葉は「怖いー☺」じゃなくて「なんか食べたい☺」だったよ。

リュックからナイスショップで購入した大福を出してあげると少しだけ笑った。

夢中で大福にかぶりつく様子が可愛くて見惚れていたら、視線に気付いたぶぶまるが「見るなぁ☺」と怒って、人の口に大福を無理やり押し込んできた。少し幸せだった。

信号が見えてきた。ということは集落があるということだぞ。山崎だ。もうまもなく駅があるってことだね。

　山崎牧場が見えた。海豹舎と同じ有限会社なんだね。有限会社って昔は肩身が狭かったけど今は老舗の証だ。

「あ、なんか来たよ○。」

　正面顔は青いけど、横から見ると真っ白で、窓の下に一本だけ鮮やかな青いラインが入った列車が走ってきた。札幌行きの特急北斗だ。札幌と函館を結ぶ特急は振子式のスーパー北斗の方が早いし、有名だけど、おいらはキハ一八三の特急北斗の方が断然好きだ。

　キハ四〇同様、四角くて雪のように白いボディが北海道の風景にとても似合っていると感じる次第。

「あざらしくん○。　なんかあるよ○。」

　三角煙突の建物だ。食堂かも○。

国道の右側に突然自己主張の強い看板が現れた。『らーめん戦国屋』と書かれている。いや。らーめんの前にもう一文字何か漢字が書かれているぞ。なんだろ。『塩』でもなさそうだし、『豚骨』だと二文字だし、違うなぁ。遠くて読めないや。

近づくと、正解は『真らーめん』だった。なんだろう、真らーめんって。確かめたかったけど戦国屋はつぶれていて貸店舗の看板が掲げられている。

ちょうど昼時で、おなかもいい具合にすいていたのでガッカリだよ。

さらに歩いて、山崎川に架かる山崎橋を渡ると、線路脇に古い神社が見えた。空は蒼穹(そうきゅう)に晴れ渡り、海は夏のそれのように青く輝いている。その手前に朱塗りの祠。

信号を左折して海側に折れる。やっと国道とおさらばさ。ぶぶまるも笑顔になった。長らく続いていた笹団地の単調な景色から脱却したぞ。山崎の町が見えてきた。

踏切を渡りながら何げなく函館方面に目をやると、何か黄色い車輛が駐まっているのが見えた。なんだろう。このまま線路を走っていきたい衝動を抑えて、踏切を渡った先で右折して住宅が建ち並ぶ細い舗装道路を南へと歩く。

それにしても寒いよ。

こんなに歩いているのに体が温まらないで逆にどんどん冷えている。そのことをぶぶまるに言うと「昨日より暖かい○。」と白い息を吐きながらも言い張ったよ。頑固者め。

一秒でも早く構内に入って黄色い車輛を見たいのに、「あざらしくーん」「ちょっと来てよぉ」と少し後ろを歩いているぶぶまるがしつこく呼んでいる。

本当に用事があるわけではない。黄色い車輛を見る邪魔をしたいだけだ。

がうがうがう♡。

ぶぶまるのしつこい呼び声に反応したのか近所の犬が猛烈に吠え始めた。

大丈夫、ぼくたちは泥棒じゃないよ。と路地をのぞき込むと、口の周りだけ黒くて泥棒みたいな顔をした茶色い雑種犬が遊んでほしそうな顔でこちらを見ていた。

きっと仔犬の時は可愛かったんだろうなぁ。茶色くて、丸くて、口の周りだけ黒くてね。カールおじさんに似ているからカールという名前をつけられているかもしれないね。

見ると、路地をはさんでもう一匹、白い雑種犬もこちらを見ている。二匹とも鎖が極端に短いので、永遠に遊べないようになっている。その二匹がこちらをじーっと見ているんよ。かまってほしいって顔で、瞳をキラキラさせて。

地獄だ。

人生で一番辛いことは愛されていない飼い殺しの犬を見ることなんだ。もう見れない。ごめんよ。おいらは先を急いでいるから遊べないんだよ。ごめんよ。ばいびー♡。

またひとつ罪を犯してしまった……。

ホームにて

なんだろう、この車輛は。

驚くほど広い山崎駅の構内の北側。上り三番線のホーム手前から海側に向かって延びる引き込み線に、その謎の車輛は駐まっていた。

黄色い車体に黄緑色のラインが三本と下に青いラインが一本引かれていて、大きくＨＫという文字とヘルメットを被ったゾウさんのイラストが描かれている。謎でしょ。近づくと『ＪＲ北海道グループ北海道軌道施設工業株式会社』という文字が読めるので保線工事用の特別な車輛だということは想像がつくけど、へなちょこ鉄道ファンのおいらには具体的にどんな用途の車輛なのかが全く見当がつかないなり。

「これが駅なの？」

ぶぶまるがすっとんきょうなことを言ったので思わず吹き出しちゃった。

違うでしょ。レールの上にあるし、どう見ても現役の働く機関車でしょ。

「じゃあ早く駅に行こうよ。椅子に座りたい💭」

これが乗上式ポイントというやつだろうか？　などと思いながら、引き込み線と本線の分岐部分を見つめながら目の前の島式ホームに上陸する。

ホームから国道側を見ると少し函館側にずれた配置で一番ホームと木造駅舎が見えた。

改めてホームから周囲を見回すと、三組あるレールがどれも光っていた。ということはということは、そういうことか。おいらたち駅の裏手から迷い込んでしまったんだね。

真ん中の二番線が貨物や特急の通過用かな。昔は逆に貨物の待機路線だったのかな。真ん中のレールが剥がされた駅が多いので、三線とも光っているとうれしくなってしまうよ。

しかも、振り返って三番ホーム側を見ると、すぐ近くに海が見えるんだ。

すごいや。山崎駅は海が見える駅なんだよ。潮風を感じることができる駅だ。

このホームでだったら一時間ぐらいぼーっと汽車を待ってもいいなぁと思った。

切り欠き階段を降りて、一番ホームへと渡り、赤いトタン屋根の駅舎に入る。

有人駅だった頃の面影を色濃く残す駅舎はホーム側と国道側にそれぞれ大きな窓があるので明るくて、無人駅らしからぬ、まるで誰か住んでいるような気配を漂わせている。

四連椅子が三組コの字型に置かれていて、大型の除雪機なんだろうね。ブルーシートで覆われた何かが我が物顔で駅舎内に蔵（しま）われている。

到着時間は一二時〇三分。黒岩駅から一時間四五分なり。歩数は一万五三歩。少し戻ったりして遠回りをしたからね。疲れ切ったぶぶまるが椅子に座ってぼーっとしている。

さてと、ちょうどお昼だ。さっさと歩き始めてどこかで飯を食おうよ。と、一二時〇九分に歩き始めたおいらたちは一二時〇九分にレストランに入っていた。

山崎駅のすぐ隣がレストランなのだよ。

山小屋風のレストラン『キッチンＯＷＬ』に二匹は居た。

BYE BYE BABY

耳触りのいいＪＡＺＺ。ウッディで落ち着いた店内は吹き抜けになっていて、昔のカフェバーにあったような扇風機が天井で回っている。目にも暖かい薪ストーブと、あちこちに吊るされたランプが山小屋風でおいらの好きな風情でないの。

うっ。まずいかも。いやな予感がするぞ。こういう、客が小声で会話をすることが暗黙の了解みたいな上品な店に似合わない子豚を一匹連れてきているのだった。

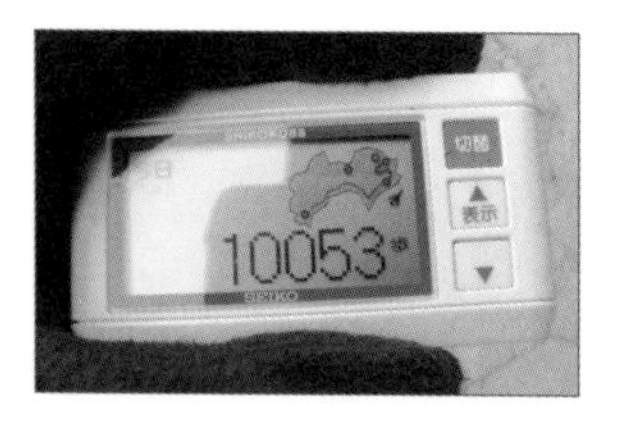

横浜の老舗中華料理店をはじめ、札幌の和食屋、小樽のフレンチなど、上品な客層の店に連れて行った時はことごとく不機嫌になってぶち壊してきた前科があるからなぁ。国道五号線を走る度に折節目にしていたOWLが、こんなにも落ち着いた店だとは知らなかったので、初めて店に入って席に着いてから激しく後悔しているけど時既に遅しさ。

カラン、カラン、カラン♪と心地好い氷の音を響かせながらマダムが水を持ってきた。

お薦めを訊くとハンバーグだと言うので、メニューのハンバーグのページを眺める。

和風ハンバーグ九五〇円が美味しそうだな。おれは決めたよ。おまえは？

「食べたくない😞」

出た。全員が不愉快になる言葉攻撃だ。そういうことを大きな声で言うなよ。

「だって、食べたいものがないんだもん😞」

カウンターでコーヒーを入れているマスターが眉をしかめてこちらを見た。終わった。

やっぱり、やりやがったよ、こいつ。悪い予感は当たるものさ。

そういう失礼なことを大声で言うな。カレーもあるし、スパゲティもあるし、食べたいものがないわけないでしょ。と優しく諭すように言うと、

「じゃあ、ハンバーグにする」と言い放って、大慌てでトイレに行った。

ほかの席の客がそんなぶぶまるを珍獣でも見つけたかのように目で追う。

空気を読めないぶぶまるは自分の発言のせいで『歓迎されない客』になったことを全く意に介さず、その後も何度もトイレに行ってみたり、ベンチシートで横になったり、腰の湿布を貼り替えたり、ハンバーグを大量に残したりして、好き勝手に振る舞った。

逃げるように店を出ると、夏はテラス席もできるんだろうね。ベランダもあるし、店の前にはニセコみたいに大きなカボチャが置いてあった。そして、うむむ。何やら視線を感じたんだ。犬だ。店の横の庭にいる顔の左右と背中の一部だけ茶色い白犬がこちらを見ているんよ。

ひと目でわかる幸せな犬だ。

近寄ると耳を下げて甘えてきたぞ。見ると、いっぱい動けるように工夫された環境なのでノンストレスなんだろうね。めんこいったらありゃしないよ(北海道弁)。

「もう行こうよ」

本当はもっと遊びたかったけど、最前からぶぶまるが露骨に不機嫌な顔をしているので、お別れさ。

また会おうね。ばいびー♡

おいらがそう言ったとたん、それまで頭をこすりつけて激しく甘えていたのに、動くのをピタッとやめて見送ってくれたんだ。真ん丸の黒目を潤ませながら。

なんておりこうさんなんだろう。

しばらく歩いてから振り返ったら、もう、やだなぁ。まだこっちを見ていたよ。

鷲ノ巣駅の奇跡

国道五号線を南に向かって歩きながら時刻表を書き写した予定表を見てみた。

次の鷲ノ巣駅から乗る汽車は『一四時一三分に絶対乗ること』と書かれている。これを逃すと一六時五六分まで二時間四〇分以上ないので、そのあと札幌に帰ることを考えたら、なんとしても一四時一三分に乗りたいと考えたんだろうね。

今が一三時一〇分なので、なんと、なんと、あと一時間しかないでないの。

山崎駅から鷲ノ巣駅までのレール距離は四・一キロ。ということは、どこにも寄り道しないで真剣にテキパキ歩いてギリギリまにあう距離ってことかいな。スリルあるなぁ。

歩けなくなったらおぶってあげるから、あと一時間は絶対に喧嘩しないって約束して。

「おぶらなくても結構です」

そう言うと、ぶぶまるは少し前方を黙々と歩き始めた。

国道と平行する中道を見つけたので、その道をひたすら歩く。国道沿いにある『ラーメンゆうらっぷ』を裏側から見ながら歩いて行くと、北海道電力の八雲電柱置場や神社を通り過ぎて順調に南下して……とはいかなかったよ。みんなの予想どおりさ。

ぶぶまるが「もう歩きたくない」「つまらない」「こんなこと最初からしたくなかった」「死ねばいいんだ」と叫びながら暴れ出したんだ。本当に時間がないというのに。

そして、ぶぶまるは走り去っていったよ。駅まであと少しのところで。

ずーっと国道の海側を走っていた函館本線は鷲ノ巣駅の直前で国道の山側にシフトするんだ。ということは跨線橋を越えたら、まもなく駅があるはずなんだけど、まいったよ。駅の気配がどこにもないのだよ。目印になる商店もポストも電話ボックスもないんよ。

荷物になるから地図は持ってきてないし、グーグルマップで検索するのはルール違反なので、道に迷った時は聞き込みするか己の勘に頼るかのどちらかしかない。

まずは聞き込みだ。なんとしても鷲ノ巣駅発一四時一三分に乗って、車を駐めている黒岩駅まで戻って、はぐれてしまったぶぶまるを探し出さないと札幌に帰れないからね。

ところが、まいったよ。聞き込みたくても人が居ないのだよ。

誰も歩いていないなら、こちらから会いに行くべし♡ってんで、一軒ポツンとある古びたアパートの、この時間部屋に居そうな気配の部屋を見定めてチャイムを押してみた。残り時間はあと二〇分。躊躇している時間なんてないからね。

ピンポーン。「なんすかー」と赤ちゃんを抱いて出てきたのはどう見てもまだ一〇代のヤンキーガールだ。人の服装を下から上までなめるように見てから眉をしかめた。

道を教えてください。この近くに鷲ノ巣駅という駅があるんだけど、どこかな?

「ナニ？　ワシノス？　そんなの聞いたことないけど、あんたばかじゃないの?」

ばかはおまえだよと言いたかったけどそんな時間は一秒もない。聞いたことがないんならもう少し先かなぁヘラヘラと愛想笑いをして、その気持ち悪い場所を俊敏に離れた。

見ると、八雲駅方面に斜め右折して入る道道と国道5号線の交差点に『Ｃｌｏｕｄ』というラブホテルがあるぞ。ここの従業員に聞き込むとしよう。残り時間はあと一五分。本格

的に急がないとまにあわない。ラブホテルに向かって走って行くと、目の前を函館ナンバーのクラウンが入って行った。真っ昼間からやるねぇ、こんちくしょう。って、この場合は男ひとりでランニングでラブホテルに入る方が間違っているのか。えーと、従業員用の出入り口はどこかな？　走り回って探したけどそれらしき扉は見つからなかった。時間ばかりが過ぎていくよ。発車まであと一〇分。やばい。かなりやばい。

　こうなったら勘だ。野生の勘で探し出すしかない。八雲駅方面に向かって走る、走る。むむっ。ここか？　森の奥へと続く怪しい小路を発見。

　舗装されていないし、両側は背丈より高い草が生い茂っているし、水溜まりだらけのひどい轍だけど、方角的に線路には出られるはずなので行くとしよう。

　残り時間はあと五分。猛ダッシュさ。こんなに寒いのにびっしょり汗だくだよ。あっ。轍の先に橋みたいなものが見えてきたぞ。ホームだ。やった。正解だったんだ♀。さらに走ると駅舎も見えてきた。三角屋根の肌色の建物に『鷲ノ巣駅』と書かれた看板が貼ってある。なんだか普通の家みたいだけど確かに駅舎だ。なんだ、なんだ。駅舎の玄関前にカバンとビニール傘が置いてあるぞ。誰か居るのかな。同じ汽車に乗る人だろうか。はぁはぁはぁと息を切らしながらホームへの鉄階段を駆け登る。

　本当は駅舎をのぞきたかったけど、なんだろう。入口の前に荷物が置かれているし、誰かが勝手に設置したような暖簾がかかっているし、時間がない時に簡単な気持ちで見てはいけない雰囲気が漂っていたのでスルーしたよ。汽車の時間まであと二分さ。

　その時、奇跡が起きたんだ。

DRAMATIC? DRASTIC?

一段高くなったホームから、今歩いてきた轍道を撮影しようと思ってカメラを向けたら、遠くの方に黒い塊が見えた。動いている。人間か？

黒い塊は何か叫びながら、こっちに近づいてきている。

聞き覚えのある声だぞ。間違いない。ぶぶまるだ💭

「あざらしくーん💭　あざらしくーん💭」と叫びながらこちらに向かって歩いているよ。

ぶぶまるぅっ💭　走ってぇ💭　走らないとまにあわないよぉっ💭

「無理ーっ💭　もう走れないーっ💭」

あきらめるなぁっ💭　最後の力を振り絞って走れぇぇぇぇ💭

「無理ーっ💭　ひとりで乗ってー💭」

わかった💭　すぐ迎えに来るからここで待ってろよ💭

そう叫んでから大変な間違いに気付いてしまった。上りしか停まらない一番ホームに立っていたでないの。危ない、危ない。おいらまで乗り損ねるところだったよ。

鷲ノ巣駅はとても短い相対式ホームなんだけど、上りホームは函館側に、下りホームは長万部側にそれぞれ大きくずれているので、正確にはホームは向かい合っていないんだ。

ホームの位置は完全にずれていて、ふたつのホームの間に遮断機付きの構内踏切が設置されているので、そこを渡って二番ホームに渡らないと駄目なのに、手前の一番ホームに

立っていたのだよ。おかげで、ぶぶまるを見つけることができたんだけどね。

残り時間はあと一分。ドラマチックなギリギリセーフさ。

朝方の雪や冷たい雨が嘘のような秋晴れの空の下で、函館方面から走ってくるキハ四〇を待っていると、斜め向かいの一番ホームにピョコンと何かの頭が出てきた。なんだ、なんだ。笑っているぞ。ぶぶまるだ。

「あざらしくん、急に居なくなったから、もう汽車に乗ったと思ったよ。えへへへへ」

まずい。ホームに着いたことで完全に安心しきっている表情だぞ。遮断機が降りたらこっちに渡れなくなってしまうことがわかっていないんだ。大変、大変！

ぶぶまるーっ！ 急いでこっちに来て！ 遮断機が降りたらアウトだから！

「えーっ、遮断機がなにーっ？」

いいから急いでこっちに来い！

カンカンカンカンカン。アナウンスに続いて警報音が鳴り響いて遮断機が降りた。

間一髪で渡ってきたぶぶまるがホームでしゃがみこむ。涙目でうるうるしているよ。

「ねえ、頑張ったたって、ほめてよ」

長万部行きのキハ四〇、一七九九番の一輌編成がゆっくりとホームに入ってくる。

うん。最後まで頑張ったね。えらかったよ。

歩数は一万八六四七歩。山崎駅からだと八五九四歩。歩いた時間はランチ込みだと二時間だけど実際には一時間ちょうどだ。寒い中、頑張ったよ、おれたち。

　このあとさ。ぶぶまるが姿を消してしまったのは。

北海道の鉄道NEWSスクラップ その14

辛口だよ

2019.02.06▶09

独仏鉄道連合計画は寡占を懸念した欧州委が却下

【二〇一九年二月六日】欧州連合(EU)の執行機関である欧州委員会は鉄道車輛製造分野で世界第二位(売上高**一兆八〇〇億円**)のシーメンス(ドイツ)と、第三位(売上高**一兆三〇〇億円**)のアルストラム(フランス)の鉄道車輛事業統合を「最終的に鉄道利用者の不利益になる可能性が高い」として却下した。ドイツ、フランス両政府がこの決定に対して批判をしたため政治的問題に発展したものの両社は統合を断念。

　ちなみに、統合計画がうまくいっていたとしても年間売上高は**二兆円**ほどで、世界第一位の中国中社の**三兆四五〇〇億円**には遠く及ばないんだね。日本の日立製作所は二〇一七年度の売上が**五六〇〇億円**で世界第五位。

　鉄道は斜陽産業じゃなくて世界ではホットな産業だとわかるニュースなので取り上げた次第。

高橋知事はJR八線区への支援を一円も計上せず

【二〇一九年二月八日】この日発表された北海道の二〇一九年度当初予算案に、結局、鉄路の維持費は一円も計上されなかった。

　本当だと、JR北海道が単独での維持を困難とした八線区の地元支援費用として毎年**二億円**のうち**一億四〇〇〇万円**を北海道が、残り**六〇〇〇万円**を沿線の四〇市町村が負担するという

駅前商店もトイレも健在の歌内駅

乗降場時代の面影を残す南美深駅

宗谷本線の廃止予定駅、北星駅

計画に沿って予算案に計上されるはずだったけど、沿線自治体との個別協議が難航していることを理由に先送りされた形だ。

沿線自治体としては四月の統一地方選を前にして鉄路存続という重いテーマの議論は避けたいし、四月の知事選への不出馬を表明している高橋はるみ知事としては政治的決断を迫られる鉄路存続問題は次の知事に丸投げしたいので、両者の思惑が合致しての予算〇円なんですと。

JR存続を訴える野党統一候補が知事選に立候補

【二〇一九年二月八日】元衆議院議員の石川知裕氏が四月の知事選への立候補を正式に表明した。出馬表明で最も力を入れて説明したのがJR問題だ。対立候補の鈴木元夕張市長（自民党）が路線の存廃についての言及を避けたのに対して石川氏は「上下分離方式などを念頭に鉄路を残すことを検討したい」と鉄道存続を鮮明にしたのだよ。ついでに脱原発、IR反対も表明したけど、結果は知っての通りさ。

美深町で宗谷本線応援お笑いライブが開催される

【二〇一九年二月九日】この日、乗り鉄芸人のダメじゃん小出の**宗谷本線応援ライブ**が美深町で開催された。お遍路さんならぬ「お線路さん」として東京から普通列車を乗り継いでの出演ってのもいいいし、農家の鈴木厚子さんの個人企画というのもいいいね。

三月末で釧路臨港鉄道を運休すると運営会社公表

【二〇一九年二月九日】現在、国内唯一の石炭輸送専用鉄道である**釧路臨港鉄道**を三月末で運休することを運行会社の太平洋石炭販売輸送がこの日公表した。

臨港鉄道は大正一四年二月に開業。釧路市内の炭鉱から釧路港まで石炭を運び、大正一五年から昭和三八年にかけては旅客輸送もするなど釧路の発展に貢献してきたものの石炭採掘量の減少に伴い路線を短縮するなど業務を縮小。二月七日に炭鉱を経営する釧路コールマインから輸送委託業務を三月末で終了すると通告されたため運休が決定。廃止も視野に入れられている。

啄木碑がある臨港鉄道の米町踏切

釧路臨港鉄道の客車時代の駅舎跡

釧路臨港鉄道の石炭運搬車（停車中）

21日目 鷲ノ巣駅から八雲駅まで

I'll be back

2015.10.30 fri

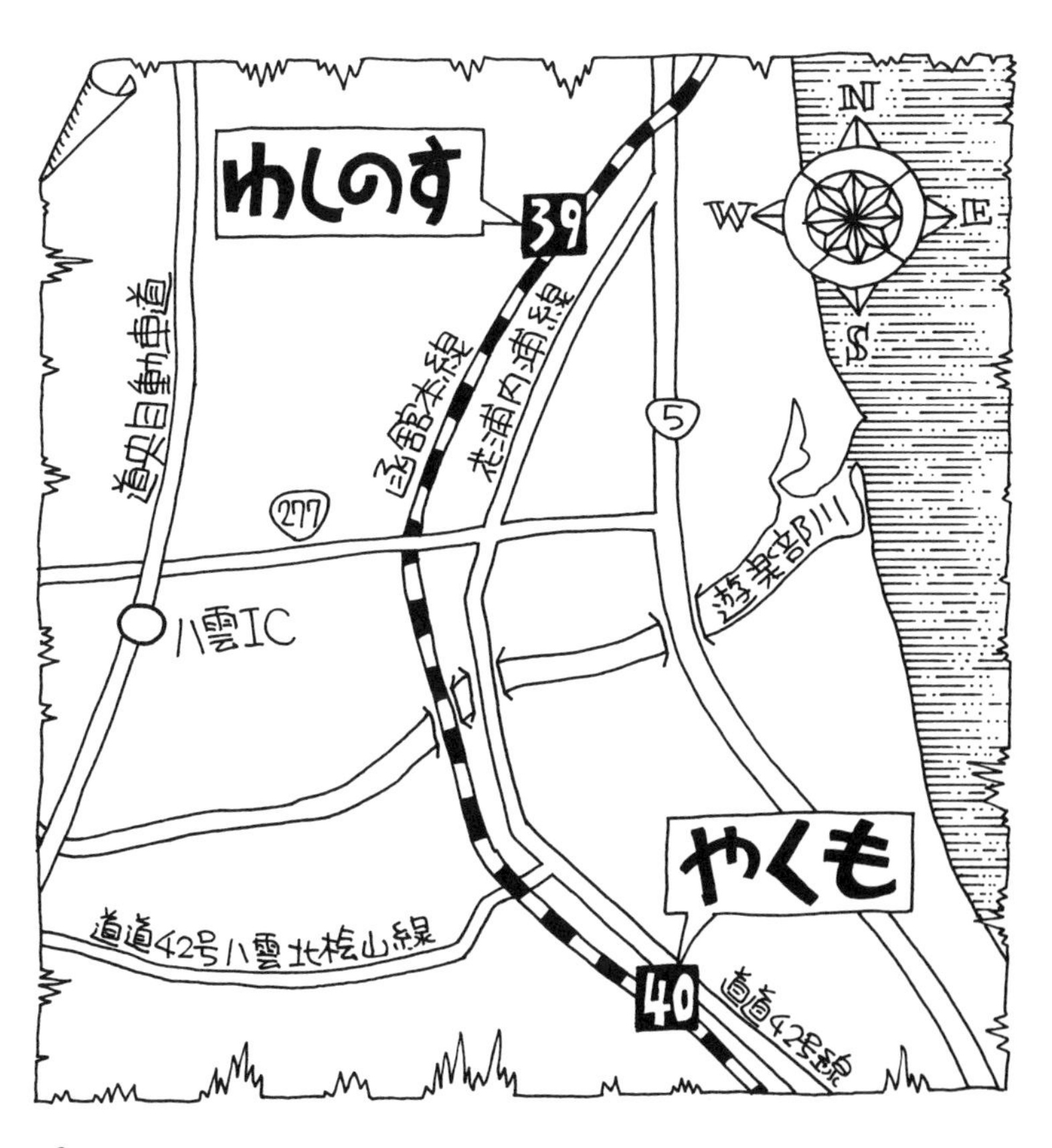

Bad Luck Boogie

破天荒な子豚と旅をする話だ。

なのに、まただよ。ぶぶまるが居なくなったんだ。

機嫌を損ねたり大喧嘩をしたりして旅をボイコットしたことはこれまでにも何度かあったけど、今回は少々事情が違うみたいなり。何度電話をかけても出ないし、折り返さないし、メールも無視。何かあったんじゃないかと心配になって、ぶぶまるが働く職場に様子を見に行くと普通に働いていた。よかったぁと安堵したけど、こちらを一瞥しただけで話そうという気持ちなんてさらさらないことが冷たい目のそらし方から伝わってきたのさ。

わかったよ。わかりましたよ。ぶぶまるがそういう態度を貫くのなら、こっちだって考えがあるよ。泣きながら謝ってくるまではこちらも無視。しばし、へなちょこ旅は中断♀と言いたいところだけど、そうもいかない事情があったりして。

前回ゴールした鷲ノ巣駅が来年三月のダイヤ改定で廃止されることが決まったんよ。つまり、次の旅のスタート地点である鷲ノ巣駅に汽車で戻ってきて下車できる期限は来年の三月まで。それまでに一駅だけでも進めないと駄目ということなり。

わかったよ。次の八雲駅まではひとりで歩くよ。そう心に誓って、おいら、ギリギリセーフで帰りの汽車にまにあった前回の旅の五日後(二〇一五年一〇月二〇日)、たった一駅歩くためだけに八雲町に向かったのでした。

鷲ノ巣駅に着いたのは一〇時五〇分。ぶぶまるが居ないと出だしが順調だぞ。
カー、カー、カーとカラスが鳴きわめいてる。なんだか不気味な幕開けだ。
そうだった。前回は汽車の時間ギリギリに走ってきたし、誰かの私物が入口前に置かれていたのが気持ち悪くて駅舎の中をのぞかなかったんだ。ちゃんと観察しなくては……と、思っても気が進まないのは建物にレースのカーテンがかかっていて、まるで誰かが住んで居るようで気持ち悪いからなのだよ。

ぶぶまるが居たら面白がるんだろうなぁと思いながらガラガラッと戸を開けると、左手の木製ベンチに毛布が敷いてあるでないの。明らかに座るためではなく寝るための毛布だ。その証拠に枕もある。枕元にはティッシュも置いてあるし、トイレットペーパーの予備も大量に置かれている。吐き気がするよぉ。なんなんだ、この気持ち悪さは。

そういえば、近所の人に全く認識されていなかったもんなぁ、この駅。周辺住民に愛されていなくて、誰かが駅舎を私物化しているんだとしたら、そんな駅さっさと廃止してほしいと思っちゃったよ。生まれて初めてそんなことを思った。

カー、カー、カー、カー。カラスの鳴き声が陰気に響いている。一刻も早くこの場所から立ち去ろう。行くぞ、ぶぶまる。ぶひーっ。と独り芝居をしてから歩き始める。

森の中を抜けるようにして轍の道を歩いて道道に出た。ぶぶまるが居ないからだろうね。空はドピーカンさ。でも足元の道は湿ってぐちゃぐちゃしている。ぐちゃぐちゃ＋デコボコしていたり水溜まりがあったりして甚だ歩きにくい。駅前の道が悪路駅コンテストなんてのがあったら文句なしの優勝候補だよ。カー、カー、カー、カー。泥々。歩きにくい○。

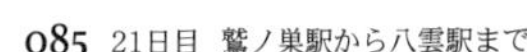

こんな調子なら、ぶぶまるが居なくてむしろよかったのかもしれないや。このひどい道を歩かせたら泥が跳ねただのなんだのって最初から大騒ぎしていただろうからね。

悪路を抜けて道道一〇二九号、花浦内浦線に出ると風景は一変した。

目の前には電光掲示板をピカピカさせたラブホテルがあるし、走っている車の量が多いのなんのって。今日はこの道道を孤独に歩くのかと思うと萎えてくるけど頑張ろうっと。

ごおおおおっ、ごおおおおおっ、ごおおおおおっ。

おっ。バス停があるぞ。と、停留所名を見て笑ってしまった。鷲ノ巣駅前じゃなくて、『鷲の巣信号所前』と書かれているんだもの。

鷲ノ巣駅が信号所だったのは昭和六二年三月まで。三〇年近く前に駅に昇格したのに、バス停は信号所のままだったんだね。そのことを誰も指摘しなかったという事実こそが周辺住民に愛されていない駅の証しだよ。まあ、結局、次のダイヤ改定で廃止されて信号所に戻るので、バス停が正解ってことになるんだけどさ。

そうそう。前回、書かなかったけど、ラブホテルに入ってきたクラウンに乗っていたのはどう見ても七〇歳過ぎのカップルだったんよ。汽車の時間にまにあうかどうかの瀬戸際だったので深く考えなかったけど、今、急に思い出しちゃった。すごいね。いいことか。

ラブホテルの向こうは精米工場だ。右側を走っている線路は離れたのでもう見えない。

ごおおおおっ、ごおおおおおっ、ごおおおおおっ。

八雲駅へと向かう道道の歩道を歩いて行くと、うわあっ！ すごい光景が目に入った。牛たちがぞろぞろと道道を横断し始めたでないの！

なんだ、なんだ、一〇頭以上居るぞ。人はどこだ？　牛しか見えない。牛の自由意志？と思ったら、最後に人が歩いてきた。八雲の中心部まで三キロほどの街中で、かくも牧歌的な光景を目にできるなんて今日はついているのかもしれないぞ。むふふ。

大平歩道橋を渡ると右手に大きな牧場が見えてきた。道道をはさんで左が牧草地なので、先ほどの牛たちはここから出てきて道路を横断したということか。つまり日課なのか？

ごおおおおっ、ごおおおおっ。暫時息を潜めていた車が再び激しく行き交い始めた。

並べられた巨大なカボチャ。青空と真っ赤なトラクター。看板には白い文字で三澤牧場と書かれている。牛横断注意の旗も立っているぞ。さきほど道路を横断した牛たちを追うようにして歩いている農夫を見て驚いた。若いんよ。研修生？　しかも女子だ。おまけに可愛いかったりして。

こんにちは。ここの牛は毎日道路を横断させて放牧しているんですか？

「もうこの季節は最後なので、最近は毎日です（笑）」

可愛い♪　牧場ガール、可愛いぞ♀。ぶぶまるが居たらひっぱたかれていただろうな。見ると、やはり研修中らしく、三人の牧場ガールが牧場主に何か指導されている。

柵の下を歩く三毛猫を発見。柵の上にはトラ猫も居るぞ。あれれ、こっちにも。ニャーさんだらけだ。牧場の猫は自由でいいなぁ。みんな好き勝手な場所でくつろいでいるよ。

三澤牧場を過ぎたら道道の右も左も牧草地になった。見通しがいい分、絶望もある。

今回もしばらく自動販売機も商店もないパターンらしい。まいったなぁ。

でも、天気は爽やかな秋晴れ。二〇一五年最後の歩き旅にふさわしい一日だよ。

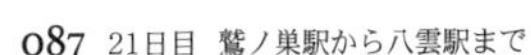

鮭と栗と向田邦子

『鷲の巣歩道橋』を過ぎたところで、牧草地の向こうを走る列車が見えた。

長万部行きのキハ四〇、一輛編成だよ。似合うなぁ。北海道の原風景に一番似合う列車だよ、JR北海道カラーのキハ四〇は。

レンガ造りの立派な牛舎やサイロが見えてきた。と思ったら、廃屋？　農機具が入ったままの状態で放置されている。もったいないなぁ。ぶぶまるが居たら「三匹の子豚の家だね♪」って喜んだだろうに。

家にも顔がある。向田邦子が『はめ殺しの窓』という一遍にそう書いていた。

家主の顔が老けると家の顔も老けるらしい。ということは、このレンガ廃屋の家主は最後まで堂々たる顔、いい人の顔をしていたに違いない。だけど突然居なくなったんだね。

ああっ、今度は函館方面行きのキハ四〇が通った💧。見晴らしがいいのも目に毒だな。

レンガ廃屋を過ぎても農家ばかりで何もない。遠くで白い犬が猛烈に吠えている。愛情不足なのかな。飼い殺しじゃないことを祈るばかりさ。

しばし歩くと、お洒落というか、ちょっと気取った家が見えてきた。白と黒の等身大の犬の置物が鎮座している。ぶぶまるが居たら「わぁっ、びっくりした💧　本物かと思ったぁ💧」って騒ぐだろうなぁ。あいつが居ないと淡々と旅が進むよ。

本当のことを書くと、昨日、仲直りするチャンスがあったんだ。ぶぶまるから留守番電

話が入っていたので、そろそろ許してもいいかなぁと思った矢先に、勝ち目がない『どちらが正しいか論争』を吹っかけてきたので、こっちが正しいことの証拠を突き付けるのも馬鹿臭いので今度はこちらから無視した次第。

世の中で一番後回しにしないと駄目なことが『自分の気持ち』だということがぶぶまるにはわかってないいんだ。

ごおおおおっ、ごおおおおおおっ。

線路の向こうに見える低い山はまだ紅葉しているけど、さらに向こうの高い山は一〇月だというのに雪をかぶっている。来る途中見えた駒ヶ岳も冠雪していたし、もう冬は目の前まで来ているんだね。ぶぶまるは居ないけど、今年のへなちょこ旅は今日が最後だ。

ポツポツと民家が見えてきたと思ったら、国道二七七号線との交差点に出た。左角にローソンがある交差点だ。右折すると熊石に抜ける雲石国道と言えばわかるかな?

ここで悩んだ。

このまま道道を歩いて行くべきか、線路沿いの細い道を探して歩いて行こうか。どっちにしよう。どうでもいいけど、うるさいなぁ。さっきからしつこくクラクションを鳴らしながら走っているばかがいる。田舎者なのだろう。文化度が低くて未成熟な国ほどクラクションが多いと言うからね。

そんなわけで、おいら、クラクションと騒音から逃れるため、しばし道道を離れて中道に潜ることにした。何本か中道がある様子だけど線路に近い住宅街の中の道を歩いてみる。

ほら、あった。早速面白い物を発見したぞ♪

住宅街なのにサイロがあるんよ。

八雲を歩いているとサイロは珍しくもなんともないけど、住宅の敷地内、車庫と家の間にサイロがあるのはちょっと不思議な風景だ。見る角度によっては車庫の屋根を突き破ってサイロが飛び出ているようにも見える。

それにしても新しい家が多いなぁ。八雲の中心部まですぐなので、ちょっとした新興住宅地らしい。でも、ほどなくして道が途切れた。脇道作戦失敗。騒がしい道道に戻る。

ごおおおおっ、ごおおおおっ。うるさいぞ。でも歩道があるので安心して歩けるや。

大きな川が見えてきた。遊楽部川（ゆうらっぷがわ）だ。ユ・ラプはアイノイタクで温泉が下がるの意。つまり、上流に温泉がある川という意味だ。では、実際に上流に温泉があるのかと言うと、今は見当たらないんだ。遊楽部川に注ぐ鉛川（なまりがわ）という支流に『おぼこ荘』があるだけなり。

河川敷にさしかかると遮るものが何もないので、札幌方面に走る貨物列車が見えた。

『ログの宿たか木⇦１㎞』と書かれた看板があるけどスルー。事件の予感なし。

遊楽部橋の欄干に付いている鮭のオブジェの躍動感に感心する。そうか。遊楽部川は鮭が遡上する川として有名だったんだ。秋も終盤の一〇月三〇日だけど、まだ鮭が遡上しているかなぁ。もう遅いか。と思いながら眼下を流れる川をのぞきこんで興奮しちゃった。

居るんよ。居るのだよ。あっちにもこっちにも遡上している鮭がいっぱい居るのさ。目が慣れてきたらウジャウジャ居るでないの。すごいよ。誰も見てないのがもったいない♀。

上から見ると背中が真っ黒な鮭が、時々白い方、つまりオナカを上にしてバシャバシャと動く。産卵直前のメスが川底をほじっていると思われる。その証拠にメス一匹の周りに

オスが三匹も集まってきては産卵の瞬間を今か今かと待っているよ。すごいや。この四匹だけでも生のドラマがあるでしょ。

水面から背ビレが飛び出てしまうぐらいの浅瀬で、しかも、絶え間なく車が行き交う橋の真下で、命のドラマが繰り広げられているんだよ。遊楽部橋は鮭観察の一等地なり。

少し歩いて、今度は橋の海側から眼下を見ると、オスのいないメスが一匹だけで川底をほじっていた。さっきのメスはオスが三匹も居たのに、このメスはどうしちゃったんだろうと思って、目を凝らしたら、居たよ。少し離れた場所にオスが一匹。よかったぁ。

そのまま顔を上げると、全く護岸工事されていない河畔は自然そのものだし、青空を映しこんだ川面の果てには海が感じられるし、水鳥もいっぱい浮かんでいるし、遊楽部川はとても素敵な川だなぁと思った。みんなも駅から歩いて見に来るといいよ。感動するよ。

背後をごおおおっと車が走り抜ける度に橋がぐらんぐらんと揺れるのが気になるけど、こっちには一〇匹も居るぞ、とか、あの鮭、傷だらけでボロボロなのに頑張ってるなぁ、とか、夢中で観察していたら、おっと、やばい、やばい。時間がどれだけあっても足りないよ。でも全然飽きない。でも行かなくては。ふう。さっさと八雲駅まで歩くとしよう。

カモメの鳴き声が騒がしい中、遊楽部橋と平行して架かる鉄橋を函館行きの特急北斗が時速八〇キロほどで走り抜けた。遊楽部橋は鉄道の撮影ポイントでもあるってことかぁ。

遊楽部川を渡りきると、コカコーラの自動販売機がある小さな十字路が気になったので、右折して線路側に折れてみる。

栗だ。栗が大量に落ちているぞ。栗の量がハンパないQ。

カー、カー、カー。少し道道から離れただけで車の喧噪が聞こえなくなった。かわりにカラスの鳴き声がうるさいや。と、行き止まりにぶつかってしまった。

鉄道が高架になっていて、駐車場とかグラウンドがあって、行き止まり。なんだか栗の木を見るためだけに寄り道をしたようなもんだよ。急ぎ足で道道に戻る。

ごおおおっ、ごおおおっ。脇道作戦はまたしても失敗なり。

不機嫌な国のアリス

道道を八雲駅に向かって進むと寺に出た。

木彫を施した鐘楼（しょうろう）がある立派な寺だ。八雲山安楽寺かぁ。いい名前だなぁと思ったら親鸞聖人の真宗大谷派だ。別に信者じゃないけど緩～い風情に親しみを感じるよ。

親しみを感じた縁で勝手に釣鐘を拝見させてもらうと、これがいいんだ。かなりの年代物で、獅子だの鳳凰だのが彫られている。名もなき宮大工職人の渾身の仕事だろうね。

釣鐘を突く棒が天然木そのままで、これまた渋いんだ。うん。いいものを見せてもらったよ。ぶぶまるが居たら勝手に釣鐘を突いて、すごい音が響いて、大騒ぎになったりしたんだろうなぁ。想像するとおかしいや。顔がニヤッとなってしまう。

見ると、この寺の向かいにも変わった形の屋根をした寺があって、寺の裏側は新興住宅地になっている。このまま駅まで裏道を行けるかも💭と期待したけど、道はコの字になっていて道道に逆戻りだ。やはり、もうしばらく喧噪の道道を歩くしかない模様なり。

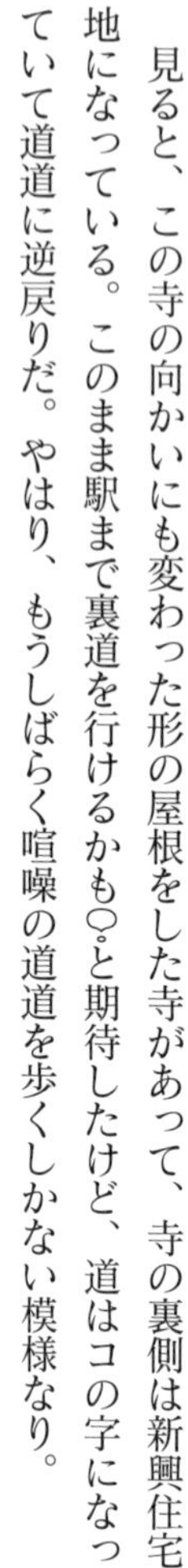

少し歩くと店が見えた。久々の店だと思ったらペットショップだった。しかもつぶれている。命の売り買いを商売にしている店がつぶれる時は悲劇が多いので気持ちが凹む。

ステーキ丼♪

ついに発見したよ。食堂だ。本日最初に見かけた食堂は精肉店と併設した焼肉舎ふるやだ。電光掲示板に『八雲産和牛』とか『八雲健康豚』などという食欲をそそる文字が踊っている。うむ。最有力ランチ候補なり。

と、まさかの銭湯だぞ♡。

道道の左側に銭湯があるでないの。函館本線へなちょこ旅で銭湯に出会ったのは倶知安駅以来かも。長万部温泉ホテルも一応公衆浴場か。とにかく久々の銭湯だ。赤い文字で『ゆ』と書かれた看板に頬が緩む。

何を隠そう、おいら、いつでも銭湯に入れるようにリュックにバスタオルなど風呂道具一式を入れて歩いているのだよ。これは結構な荷物だ。それなのに使う機会がほとんどなかったので、今日は持って行くのはやめようか、いや、せっかく銭湯に出会っても風呂道具がなくて入れなかったら一生後悔するぞ、などと葛藤しながら、今日も風呂道具一式を入れたリュックを背負って歩いていたので頬が緩んだ次第。なんとしても入りたいぞ。

銭湯の名前は昭和湯。広い駐車場には一台しか車が駐まっていない。ということは、まだ営業前なのかな。それともつぶれてしまったのだろうか？

近づいて確かめてみると、閉店しましたという貼り紙がないのでやってはいるようだけど、どこにも営業時間や定休日が記されていない。誰かに訊こうかなぁと思って周囲を見渡したら、仏壇屋の前で腕組みをして仁王立ちしているマダムと目が合ってしまった。怖いなぁ。あんな風に往来をにらみつけていたら、ちょっと木魚でも買おうかなぁって立ち寄る気も失せちゃうよ。木魚なんて買う気もないけどさ。

さらに歩くと役場前の交差点に出た。行き交う車の量がひときわ多い交差点だ。蕎麦屋が見える。石臼びき蕎麦。何度か入ったことがある店だ。わっ。でっかい犬が歩いてきたぞ。ペットフードの大見商店から巨大な犬が出てきた。でかいけど可愛いなぁ。オートバイの排気音が響いた。信号角の郵便局は工事中。こちらの角のレストラン風の建物は何屋なんだろう。レストランだった店舗をどこかの会社が事務所にしているのか？

信号を渡ると、眼鏡店、燃料と設備の店、宅配水、自転車屋、北洋銀行、ローソンなど商店街らしい商店街になった。通りの名前が書いてある。『３・４・７本町大通』。あ

れっ。前にどこかで確かめた気もするけど、これってどんな意味だっけ？　確か、車道とか歩道の幅を示していたような、違ったような。なんにせよ、つまらない名前だぜ。

町営駐車場がある。二時間まで無料。うん。これはいい取り組みだ。北海道中の商店街はどうせ空き店舗ばかりなのだから、借り上げて駐車場にするといいと思うよ。

とかなんとか思いながら八雲駅に近づいてきているんだけど、蕎麦屋以降食堂が一軒もなかったや。見逃したのかな。

いや、一本外れた中通りにあるのかもしれないぞ。ってんで、寿美容室から右折して線路方向に歩くと、ほら、出てきた。居酒屋けん太、スナック海神（ポセイドン）、スナックスマイル……。三階建ての集合住宅の一階が呑み屋街になっている。

そういえば、昔、ちょっとだけ仲良くなった八雲の女の子も一階が居酒屋のアパートの二階に住んでいたっけ。なんて話をぶぶまるにしたら、その子とは何もなかったんだよと弁明しても死ぬほど不機嫌になっただろうな。自分は奔放なのに人には厳しいんだ。

カー、カー、カー、カー。カラスも不機嫌そうだよ。

スナック樹來。またスナックだ。食堂がないなぁ。あっ、コックさんのイラストが描かれた看板があるぞ。パッパーレ。何屋さんだ？　どう見てもコックさんのイラストだけど看板の先にレストランの気配はない。食い処むつごろうもこの時間はやっていないし。

カー、カー、カー、カー。カラスには寛容なおいらだけど、馬鹿にされているようで、だんだん腹が立ってきた。いかん。空腹と徒労感が気を短くさせている。

和洋菓子いとうは絶賛営業中だけど、ごめんよ。今は用がないんだ。

おいおい、八雲の中心部の実力ってこんなものじゃないでしょ。もうすぐ、ドカンドカンと飲食店が出てくるんだよね。

そう信じて、しばし中道を練り歩くことにする。

素敵にon my mind

つぼ八八雲店だ。

ここだよ。昔、この居酒屋の二階で暮らしている女の子と、旅先で出会ったんだ。薄給しかもらえていなかったのに稼ぎの大半を男に貢いでしまうような優しくて貧しい子だった。二、三度会ったけど、いつも同じ服だったなぁ。今は幸せに生きているのだろうか。いや、男に騙されていても、貧しくても、それが不幸だったと他人が勝手に決めつけるのはよくないか。ずーっと幸せだったかもしれないもんね。

わっ。油断していたら八雲駅が見えてしまった。いかん、いかん。せっかく八雲という都会に居るのに、鮭を見ただけで昼飯も食べずに駅に到着するのはもったいないぞ。

すぐ目の前に駅が見えているけど、あえて遠回りをして食堂を探すことにする。

『はぴあ産直市。次は一月四日です』と書かれた貼り紙を横目に見ながら、再び道道に出ると、いきなり、鉄板焼ベイベーを発見♡。ベイビーじゃなくてベイベー。桑田佳祐テイストで嫌いじゃないけど、ランチタイムは営業していない風情なり。残念。

もう、いいや。探してもなさそうなので一回駅にゴールしちゃおうと歩いて行くと、ど

こからか音楽が聴こえてきた。ヨーデルだ。ラーメン屋だ。石で造られた犬のベンチだ。軽食喫茶だ。蕎麦屋だ。民宿だ。ううむ。最初から駅前に来てたら食堂があったのかよぉ。食堂は裏道じゃなくて駅前にあり、だね。心に刻むとしよう。

ああっ！ ぶぶまるじゃないけど思わず叫んでしまったよ。

平屋で横長の八雲駅の正面玄関上の看板の『八雲駅』がホタテになっているんだもの。

こんなの初めて見た！ 面白い♪ でも、その下の『北海道新幹線二〇一六年三月二六日開業』という横断幕が邪魔くさいぞ。ＪＲ北海道の負債を増やすだけの赤字路線を歓迎しているのは無責任な政治家と頭の悪い経済人だけじゃないのかいな。

そもそも、函館本線の在来線を廃止させてまで走る北海道新幹線の開業を現場の鉄道マンたちは本気で待ち望んでいるのだろうか？ 匿名でもいいから本音を語ってほしいよ。

赤い郵便ポストと電話ボックスと食堂という『正しい駅前三点セット』を確認して、一一時五六分、八雲駅に到着ぅーっ！

鮭観察に夢中になったり、二度ほど行き止まりで戻ったりしたけど、ぶぶまるが居ない分スタスタと歩けたので、レール距離三・一キロの区間を一時間六分で歩いてきた計算なり。歩数は五九二二歩。最少記録かもね。

ガラガラッと駅舎に入ると、有人駅はいいねぇ。キヨスクもあるし活気があるよ。

見ると、八雲町内の温泉宿、銀婚湯、おぼこ荘、熊嶺荘（くまねそう）の三軒が並んだ広告がある。三軒とも塩素や循環とは無縁の『正しい温泉』で、風情よし、食事よしの佳宿だ。中でも熊嶺荘は一カ月後の一一月三〇日に閉館するので、二度とお目にかかれない貴重な広告だよ。

時刻表を見ると、一瞬、便数が多いと思ったけど、ほとんどが赤文字の特急だった。黒文字の各駅停車は……、なんと、長万部方面行きは一四時〇九分までないのねん。その前が一〇時五六分なので三時間一五分間隔だ。

待ち時間が二時間もあるので、次の山越駅まで楽勝で歩いて行けるんだけど、来年歩き始めた時、八雲駅周辺のにぎやかで楽しい雰囲気をぶぶまるにも見せてあげたいので、あえて今年は八雲駅までとするよ。ぶぶまる喜ぶだろうなぁ。にぎやかなのが好きだから。

さてと、まずは昼飯だ。

駅前通りを国道の方に歩いて行って、食堂が一軒もなかったら、駅に戻って蕎麦屋にでも入るとしようっと。と、歩き始めて、駅を背にしてすぐ右側にある軽食喫茶ホーラクの前で足が止まった。入口の貼り紙が目に入ったからだ。『OPEN時間/午前一〇時～午後一一時頃』と記されているんよ。すごいな。一三時間営業だ。小樽駅以南で出会った最も長時間営業の飲食店だぞ。しかも『チーズ焼きカレー七〇〇円』だって。軽食というより、ちゃんとしたランチじゃん。旨そうだなぁ。ここでランチを食べてもいいかもね。

雑貨屋ハコユメ、味よし、Ｂａｒ Ｌｅａｆ、スナックＣＣガールズ、酒処さる、スナックしおん、スナック志帆、ぼんち、ライブスペースＤ……。屋台村もあったけど、どの店も夜営業で昼は静まり返っている。あれれ。適当に歩いていたら中華きりんの裏口に着いたぞ。営業中だ。でも、やめておこう。すごく旨いのかもしれないけど、ここまで歩いてきたら最初に見つけた精肉店併設の焼肉屋が近いので、あの焼肉屋で食べるとするよ。

ごおおおおっ、ごおおおおおっ。車がうるさい道道を逆戻りさ。

よく見ると商店街はシャッター街だった。ローソンの向かいは貸店舗ばかりだし、家具屋の隣も廃業している。五軒のうち三軒はやっていないよ。あ、ラーメン屋を発見。でも、ごめんよ。口が焼き肉になっているのでまた今度ね。

到着した『ふるや』は同じ建物の右側が精肉店で左側が焼肉屋だ。左側の入口からウッディな店内に入ると、プリティな店員さんが「お好きな席にどーぞー♥」と迎えてくれた。

ランチのお薦めはなんですか？

「ステーキ丼かな♥」

おっ、ステーキ丼、旨そうですね。

「うん、美味しいですよ♥」

八雲和牛のステーキ丼ランチが一五八〇円也。精肉店直営ならではの良心価格だなぁ。八雲健康豚のヒレカツランチ九八〇円とか、八雲牛のコロッケランチ六八〇円なんてのもあるけど、じゃあそれで、と、悩まずにお薦めを注文するのがあざらしスタイルなり。

見回すと、想像していたのよりも広くて明るい店内は天井が吹き抜けで、ぶぶまるが居たら間違いなく昼ビールを飲みたくなる風情だ。来年ぶぶまると二人で来ようっと。

「いらっしゃいませぇ♥」

次々にお客さんが入ってくる。人気店なんだね。六つある四人掛けの席が次々に埋まっていく。奥に小上がりもある。今入ってきたサラリーマン二人組が楽しそうにメニューを見て話し合っている。幸せそうだなぁ。ぶぶまるが居たら延々悩むだろうな。

「ごゆっくりどーぞぉ♥」

プリティな店員さんがステーキ丼を運んできた。旨そうだ。普通、こういう丼物って、ご飯が残るけど、ここのは肉が残った。つまり肉の量をけちってないってことだ。さすが精肉店直営。そして、肉屋なのにタレが旨かった。違うか。肉屋だからタレが旨いのか。ジンタレも精肉店で作っている自家製タレの方がベルよりも旨いもんね。

「ありがとうございましたー♥」と会計を済ませた時、店内はほぼ満席だった。おいらが入った時は一人もいなかったのでびっくり。客を呼ぶ客なんだよね、おいら。

ホンキー・トンキー・クレイジー

八雲駅に向かって道道を歩いて行くと、またしても仏具屋のマダムと目が合った。おっ。いい感じの店がある。お茶の宗芳園。緑の看板も紺色の暖簾もセンスがいいね。駅に近づくと音楽が聴こえてきた。ヨーデル風のメロディ。どこかの店から聴こえてきているんじゃなくて商店街全体のBGMらしい。シャッター街に流れるヨーデル。陽気なメロディのはずなのに、ちょっぴりせつなく聴こえてくるよ。

商工会議所や農民連盟などが入ったハピアという建物でトイレを借りる。正解だった。外に出ると、また『3・4・7本町大通』と書かれた看板が目に入った。気になる。自転車で通りかかった地元の紳士に訊くと、「すいません。わかりません」と恐縮された。歩いてきたマダムに訊いたら、ものすごい困った顔をされちゃったよ。

シューズ&バックの店の若旦那が理由を知っているように見えたので、訊いてみると、

「あぁ……、ちょっと待ってくださいね」と、しばし奥に引っ込んでから出てきて、
「道路のスケールらしいです。幅だとか、そーいう数字です」と教えてくれた。

何が『3』で、単位がなんなのかもよくわからないけど、まぁ、そーいうことなんだね。

わざわざ調べてくれた礼を言うと「いえいえ(笑)」と苦笑していた。靴でも買えばよかったよ。と少し歩くと、あらら。すぐ近くに別の靴屋があるでないの。立ち寄ったのがシューズ&バックのナガエで、こっちにあるのは、みちがみ。車の騒音と哀しいヨーデル。この商店街に必要なのは新幹線じゃなくて新戦力だ。銀婚湯直営のプリン屋でも、おぼこ荘直営のホタテバーガーショップでも、見市温泉直営の海鮮ピザ屋でもなんでもいいよ。家賃をタダにしてでも、暇な店の一部を改装して客寄せパンダになる店を作る、みたいな企画を考えては実際に汗をかいて動く新戦力が必要だなぁと感じた次第。

なんてことを考えながら歩いているうちに八雲駅に着いた。汽車の時間まではまだ五〇分ほどあるので、気になっていた軽食喫茶ホーラクで時間をつぶすことにする。

れれっ。やってないのかな。いや、営業中って書いてある。怖いなぁ。窓がなくて、店の中の様子が外から伺えないので、一人で入るにはちょっと勇気がいるタイプの店だ。

怖さよりも好奇心が勝った。チリンチリンチリンと店内に入ったとたん、笑っちゃった。ミラーボールはあるし、壁一面に演歌のポスターが貼られているし、パーカッションはあるし、なんだろう。駅前喫茶というよりも場末のミュージックパブなんだもん。

「いらっしゃいませ♥」

いつでも脱出できるよう、入ってすぐの席に腰を下ろす。

メニューを見ると、ミックスベリービネガー四〇〇円とか、あずきパフェ五〇〇円などなど、チーズ焼きカレーを出すだけあっていろいろあるけど悩まずに即決。高倉健さんの真似をしてアーモンドオーレ四〇〇円を注文する。そう、健さんは『居酒屋兆治』の撮影中、函館元町の喫茶店に入ると決まってアーモンドオーレを注文していたのだよ。

ボーズのスピーカーから心地好いＪＡＺＺが流れている。けど、店の奥で盛り上がっている常連客らしきマダムたち四名の会話がそれを上回っている。少しして声が独特なおっちゃんが来店すると、マダムたちの席に座って会話に加わった。

おいら以外は全員顔見知り。地方でありがちなシチュエーションだね。

歩数計を見ると八六四一歩。こちらを本日の歩数として登録させていただこう。

黒い革張りの三人掛けソファに座ってアーモンドオーレをすすりながら携帯電話（スマホじゃないよ）でＰＣからの転送メールをチェックすると、ＪＴＢパブリッシングの敏腕美人編集長から仕事のオファーが入っていた。

来年三月の北海道新幹線の開業に合わせて発売されるムックに一〇ページ書いてほしいとのこと。うひゃあ。よりによって、北海道民五〇〇万人の中で最も北海道新幹線開業に反対しているアウトローに原稿依頼してくるなんてやるなぁ。目の付けどころがさすが敏腕編集長だよ。北海道新幹線なんてろくなもんじゃないって書いちゃいそうだけど、いいのかな、この仕事を受けちゃって。珍しく逡巡したり、ソファーにごろんと横になったりしていたら、やばい、一四時だ。ここから駅までは目と鼻の先の距離だけど、切符を買ったり、跨線橋を渡って反対側のホームに渡ったり、列車を撮影したりするのに時間がかか

るからね。発車時間まであと九分。急がなくっちゃ。

慌てて店を出て、まずは切符を買う。もちろん、券売機じゃなくて窓口でね。

鷲ノ巣駅まで二一〇円也。鷲ノ巣という駅名が入った切符は貴重だぞ。記念にもう一枚買う。キヨスクは次回ゆっくりのぞくことにして、すぐにホームに出ると、おおっ。いっぱいレールがあるぞ。

白い跨線橋を渡った先にある島式ホームの手前に三本、奥に二本の計五本ある。

手前から函館方面行きの一番ホーム上り線、貨物退避線、札幌方面行きの二番ホーム下り線、三番ホームの上り下り両方向線、あまり使われていない風情の側線の五本で、奥の側線は長万部側で分岐してふたつある格納庫へとつながっている。シヤッターが降ろされた格納庫の前には白と朱色のツートンカラーの保線用車輌が駐まっているぞ。

そんな構内の様子を跨線橋の窓から見渡せるのでテンションが上がってしまう。跨線橋があってレールがいっぱいある駅は入場券を買ってでも見る価値があるんだ。

やばい。すげー楽しい。構内のレールや車輌を眺めるのがこんなにも楽しいなんて、ひょっとして、知らず知らずのうちに鉄分が濃くなってしまったのだろうか。いや、断じてそんなことはない。おいらは決して鉄ちゃんではない。それだけは断言するよ。

二番ホームで待っていると、まずは函館行きのキハ四〇が構内北側の連絡通路をくぐって、のろのろと入ってきた。一八〇〇番ということはキハ四〇の中では『新車』だね。ピッカピカさ。それなのに、わずか四年半後に大量に引退させられて、北海道らしさのかけらもないDECMOに取って代わられるなんてこの時は夢にも思わなかったのでした。

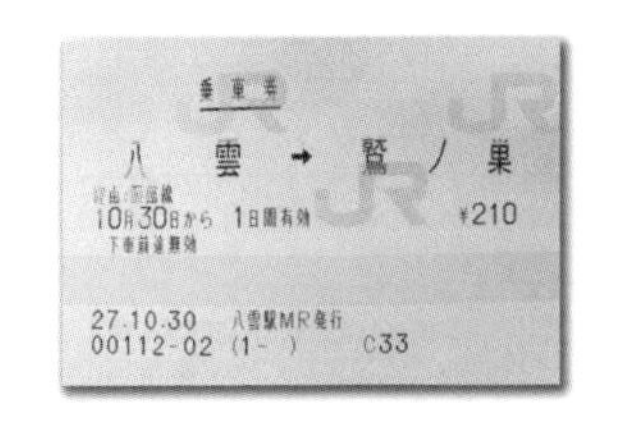

一、二、三、四、五……、結構乗るんだなぁ。

一輛編成の函館行きキハ四〇に乗客が乗り込むと、そろりそろりと発車した。

白くて下に黄緑色のラインが入ったキハ四〇っぽい色調の跨線橋をくぐって南に行く函館行き各駅停車を見送ると、行き違いでヘッドライトがふたつこちらに向かって走ってきた。長万部行きの、こちらもキハ四〇だ。番号が見えた。一八〇六番。『新車』だ(笑)。見えているのに、なかなか近づいてこない。死ぬほど飛ばしても時速八五キロしか出ない愚鈍さが好きなのさ。やっと停車して、プシューッとドアが開くと「長万部行きです。中の方にお進みください」というアナウンステープが繰り返し流れた。

いっぱい乗ったなぁ。一〇人以上乗るとピンポーンとドアが閉まって、ゆっくりと走り始めた。車内にはサラリーマンも居るし子供も老人も若者も居て、みんな思い思いにくつろいでいる。ボックスシートの幸福感はバス代替では決して再現できないはずだ。

ピンポーンとアナウンステープが流れる。

「この列車は長万部行きのワンマン列車です。前乗り、前降りでご利用いただけます。運賃は運賃表示機でお確かめの上、釣銭のいらないよう……(中略)……次は鷲ノ巣です」

ガタン、ガタン、ガタン、ガタン。という走行音と、うるさくない程度に聴こえてくる若者たちの他愛もない会話。今ちょうど遊楽部川の鉄橋を渡っている。さすがに汽車の窓

からは産卵中の鮭は見えないや。ガタン、ガタン、ガタン、ガタン、ガタン、ピンポーン♪

「次は鷲ノ巣です。お降りの方は前の方に……」というアナウンスが流れたので立ち上がって前方に進むと、出入口付近に乗っていた老夫婦が「こんなところで降りる人いるんだね」と驚いていた。この駅に車を駐めて歩いてきたからだとは夢にも思わないだろうね。降りる時、若い車掌に、記念に切符をもらえないかとお願いしたら、「えー……」とあきらかに困惑した様子だったけど、「じゃあ、いいですよ」と応じてくれた。やったね。

カンカンカンカンカンカン。カー、カー、カー、カー。ゴトンゴトンゴトンゴトン……。構内踏切の警報機が鳴り、カラスがわめく中、キハ四〇が走り去った。

不気味な静寂。相変わらず待合所からは人が暮らしている気配が漂っているし、これで雨でもしとしと降り始めたら妖怪が出てきそうだよ。カラスに見送られて急ぎ立ち去る。

国道五号線に出ると、漁港越しに見える駒ヶ岳がとても綺麗だった。海も穏やかだ。

途中、小一時間かけて昭和五九年に廃止された上目名駅跡を探してみたけど、近隣に一戸の住居もないため一〇〇パーセントの確証は得られず。それらしき場所を撮って帰る。

ちなみに明日はハロウィン。渋谷とかはすごいことになるんだろうけど、振り返ると、八雲の街にはコウモリとかお化けカボチャみたいなハロウィン演出はひとつもなかったなぁ。おいら的にはその方が好ましいので、平和、平和。よかった、よかった、めでたし、めでたし。とスッキリできないのはぶぶまるのせいだ。

この先もひとりで歩いて、ひとりで函館駅にゴールするのはいやだな。そんなの全然楽しくないよ。むしろ哀しいよ。

北海道の鉄道NEWSスクラップ その15 2019.02.12▶16

辛口だよ

ＪＲ東日本と東急電鉄の観光列車が北海道を走る

【二〇一九年二月一二日】前代未聞のニュースだ。二〇一九年七月二七日から九月八日までの土日は**ＪＲ東日本**の観光列車『びゅうコースター風っこ』が**宗谷本線**を運行し、二〇二〇年の五月から八月の間の一カ月間は**東急電鉄**の観光列車『ザ・ロイヤルエクスプレス』が札幌から道東方面にかけて周遊することをＪＲ北海道、ＪＲ貨物、東急電鉄、ＪＲ東日本の四社が発表した。

国鉄分割民営化後、各会社の垣根を越えて観光列車が運行するのは異例中の異例なんだけど、これにはＪＲ北海道のなりふりかまわぬ金策が関係している。

民営会社であるはずのＪＲ北海道は二〇一九年度から二〇年度にかけて国から**四〇〇億円**を超える財政支援を受けることが決まっている。その条件として経営改善のための観光列車を運行させることが挙げられているんだけど、島田社長になってからのＪＲ北海道はＪＲ九州のように観光列車を充実させるどころか、**ノロッコ号**や**ＳＬニセコ号**などの観光列車を次々に廃止してきたので、経営改善につながる観光列車を走らせろと言われても、そんな計画も車輌もアイデアも何ひとつ持ち合わせていないのだよ。そこで、四〇〇億円欲しさから、なりふりかまわずに同業者にＳＯＳを出し、この合同発表に行き着いた次第。

他社の観光列車担当者からは素晴らしいロケーションという

倶知安駅に停車中のＳＬニセコ号

ＳＬニセコ号の記念写真サービス

比羅夫駅を通過するＳＬニセコ号

財産を持っているのにそれを観光列車に活かしきれていないJR北海道はバカだなぁと見られているだろうね。事実だけどさ。

駅弁味の陣で函館の鰊みがき弁当が味覚賞を受賞

【二〇一九年二月一五日】 駅弁ファンの投票で選ばれる**第七回駅弁味の陣**（JR東日本主催）の結果が発表された。JR東日本管内を中心とした全国二三都道県からエントリーされた五六種類の駅弁の中から、**函館駅**と**新函館北斗駅**だけで発売されている函館みかどが作る『鰊みがき弁当』（税込み九八〇円＝当時）が事実上の三位に該当する味覚賞を受賞した。昭和四一年の発売当初から変わらぬ製法で作られる半世紀を超えるロングセラー駅弁だ。ちなみに一位は福島県の『海苔のりべん』、二位は青森県の『伯養軒の牛めし弁当』。おいらのベスト駅弁は一〇年連続で**小樽駅**の『海の輝き』です。

夕張駅〜新夕張駅の代替バス運賃は鉄道の倍以上

【二〇一九年二月一六日】 三月末で廃止される**石勝線夕張駅〜新夕張駅**の代替バス運賃がこの日発表された。現行では**夕張駅〜新夕張駅**の鉄道運賃が**三六〇円**なのに対して鉄道廃止後のバス運賃は**七五〇円**と倍以上に値上げされ、往復すると**七八〇円**も割高になるんですと。鈴木元市長が言っていた「市民のための決断」が聞いて呆れるねぇ。

清水沢駅で一二三回目にして最後の誕生日会開催

【二〇一九年二月一六日】 その石勝線の**清水沢駅**で一二三回目の『誕生日会』が催された。ホームから駅舎までの長い連絡通路を一二三本の雪中ロウソクの灯火で照らしたり、駅舎内に過去の写真の展示や寄せ書きコーナーを作るなどして最後の開業記念日を祝ったそうな。**清水沢駅**が開業したのは明治三〇年二月一六日。明治四四年には**大夕張炭礦鉄道**（のちの**三菱大夕張鉄道**）の接続駅となり、貨物ヤードも備えた行き違い可能な駅として栄えたものの、昭和六二年の三菱大夕張鉄道廃止後から衰退し、廃止時は棒線駅になっていた。

ホームから眺めた清水沢駅の駅舎

廃線の末、ホームと駅舎が離れている

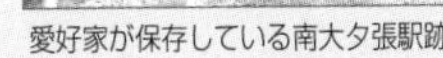

愛好家が保存している南大夕張駅跡

22日目 八雲駅から山越駅まで

You can't do that

2016.06.24 fri

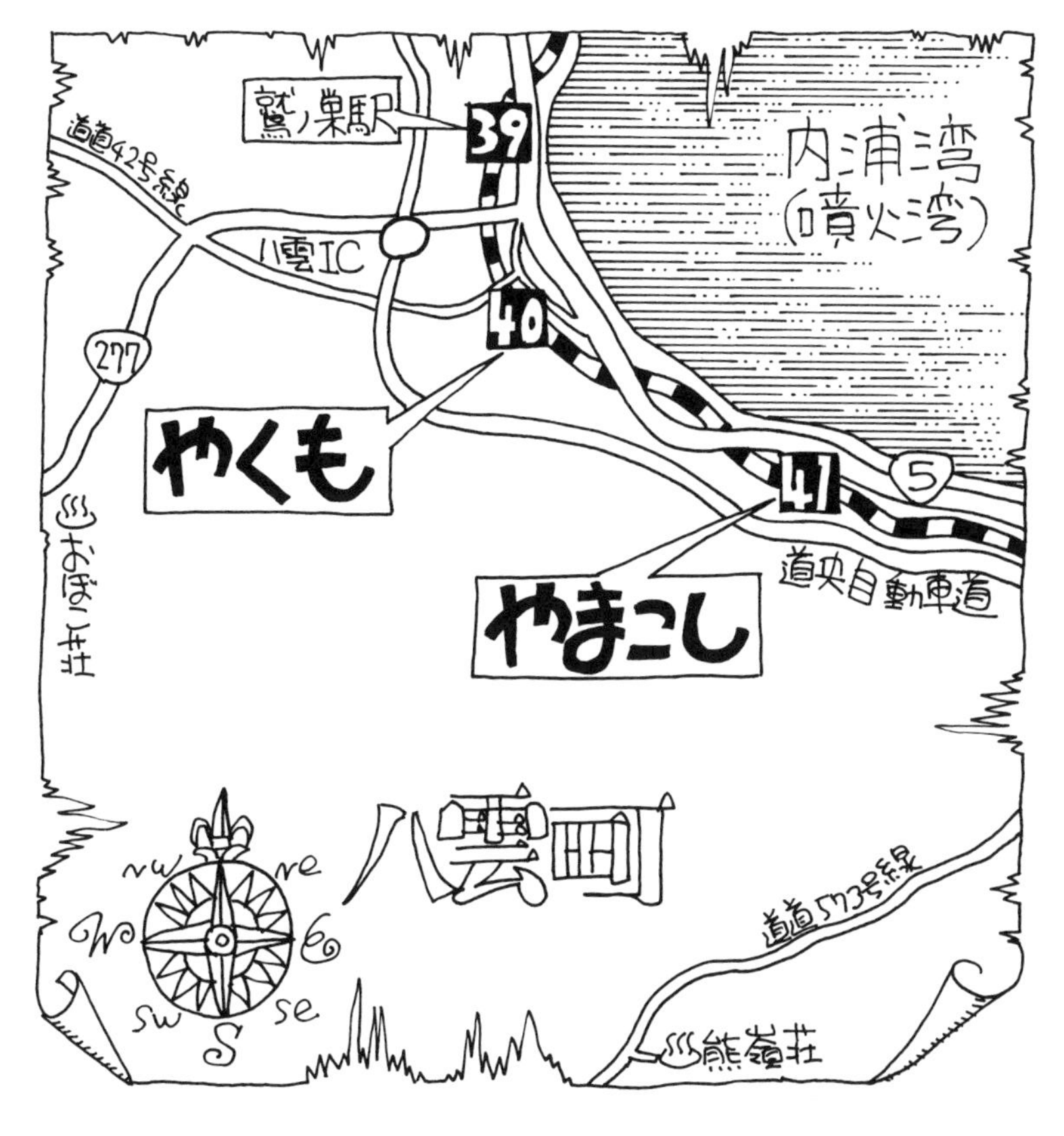

ハイウェイに乗る前に

紀行文は情三分、芸七分がほどよいらしい。

情とは出来事に対する感想、感受性のことで、芸とは文体や構成などの文学的技のことね。情に走るとテンポが失われるし、芸に偏ると人物が記号化して機微に欠けてしまう。両者がほどよく噛み合った紀行文を綴りたい。と決め込んだはずなのに、なんてこったい。拙文は情への偏りが甚だしくてテンポのかけらもないではないか。原因はぶぶまるだ。

年が明けて二〇一六年。一掬の相談もなく、ぶぶまるは仕事を変えていた。

某ベーカリーチェーンで売上管理をしたり、従業員のシフトを組んだり、人手不足の折は現場に出てパンを焼いたりしている。という話を一方的に聞かされた。マネジャー待遇なので年収も大幅に上がったと自慢されてしまった。ふーん。すごいね。よかったね。

そんなわけで、「職場に慣れるまでは歩けない」というぶぶまるの言葉を尊重しているうちに二〇一六年の前半が終わろうとしていた。そして、電話がかかってきた。

「函館にゴールするまでは一緒に歩くから、さっさとゴールして縁を切ってください。ぼくはもう別の人生を歩いています。相手もいます」だって。

ふーん。わかったよ。年内に函館まで歩いてコンビ解散さ。じゃあ、三連休を何度か取れよ。八雲町以南は移動に時間を奪われるから二連休だと効率が悪いからね。三連休を五、六回取ったらクリスマスまでにゴールできるから、そこで望みをかなえてやるよ。

「赤レンガ倉庫のクリスマスツリーの下でキスして別れるんだね」

　函館本線へなちょこ旅のラストシーンは『寒さに震えながら函館駅にゴールした二匹が、金森倉庫前のクリスマスツリーの下でキスをして永遠に別れる』ってことか。

　それもいいんじゃないの。間違って映画化される時はそのまま使えそうな美しいラストシーンだよ。

「映画化される時はぼくの役をだれがやるの？」

　その話は前にもしただろ。濱田岳だよ。

「いやだ。土屋アンナがいい！」

　ばか。土屋アンナは女だろ。

「ばかじゃない！。人のことをばかって言うな！」

　ばかだからばかって言われて怒るんだろ。ばかじゃない人はばかって言われても平気なんだよ。ぶーぶー、わーわー、やんややんやってんで、二〇一六年上半期終了間際の六月二四日から二六日、ばか二匹は八カ月ぶりの函館本線へなちょこ旅に出かけたのでした。

　さすが、ぶぶまるが決めた日程だけあって、八雲町の天気予報は三日間とも曇り時々雨で最高気温は一四度から一八度の間。この時期としてはかなり肌寒い予報だ。

「おなかが痛いから歩きたくない！」

　久しぶりに会ったぶぶまるの第一声がこれだった。車に乗るなりそう叫んだ。

　しばらく見ない間に外見的には完全に『どこにでもいる可愛い四〇代女子』になっちゃったけど、中身は変わっていない様子だよ。安堵、安堵。

八雲町八雲に濃霧注意報

週間天気

24金	25土	26日	27月	28火
14	18	18	18	21
12	13	13	13	13

予想最高（℃）／予想

「われめちゃんを買いたい💭」

札幌から洞爺湖方面へと抜ける中山峠を走っている車中で、ぶぶまるがそう叫んだ。

われめちゃんは日本海に面した寿都町の名産品だよ。

「通るでしょ!?」

虻田洞爺湖インターから高速道路に乗って八雲まで走るんだから、かすりもしないよ。

と言うと、へなちょこ旅の初期においらが描いてあげた死ぬほど大ざっぱな北海道地図を広げて、「どうして通らないのさ」と口をとがらせた。高速道路を走る時は行き先と反対方向に走ってもしばらく気づかないほどの方向音痴なので説明に苦慮する。

「われめちゃんが無理だったら、お昼はいいものを食べさせてよ💭」

明後日のランチはめちゃめちゃ美味しい店を考えてるけど、今日はちょうど昼時は高速道路の上だから、セイコーマートのおにぎりだよ。

「いやだ。今日、美味しいランチを食べたい💭」

わがままだなぁ。セイコーマートで好きなものを買ってやるから我慢しなさい。

「お寿司屋さんはないの?」

ありません。って、なんで、ビートルズなんだよ?

ぶぶまるが突然、レット・イット・ビーのサビの部分を口笛で吹き始めた。

「わかんない。父さんが好きだったからじゃない」

音楽の趣味が変わった時は要注意だ。こいつ、やっぱり新しい恋人ができたんだな。

別に付き合っていたわけじゃないけど、ピーターパン以来の長い付き合いだし、おいらのことを好きだとばかり思っていたので、正直な話、心中穏やかじゃないぞ。

「ところで、あざらしくん、いくつ？」

おれの歳ぐらい覚えておけよ。三だよ。

「えーっ！　五三歳なの！　ねぇ、もうおなかがすいたんですけど」

洞爺湖温泉街に入ったら美味しいラーメン屋もあるし、ハンバーグの梓（あずさ）もあるよ。

「そういうのじゃなくて、寿司とかもっと高いものを食べたい！」

あれもいやだ、これもいやだで、結局、どこにも寄らずに虻田洞爺インターから高速道路に乗った。高速道路の管理事務所に掲げられた『ありがとうや』の文字に苦笑しながら走ると雨が降り出した。さすが雨豚。矢沢永吉を聴きながら雨の高速を走る。

仕方がないや。本当は明後日のランチに寄ろうと思っていたけど、今日のランチに立ち寄るとするよ、八雲の焼肉屋さん。あそこならぶぶまるも喜ぶはずさ。むふふ。

IMAGE DOWN

一二時一五分、焼肉舎ふるやに到着ーっ！

見ると、六台駐められる駐車場に五台駐まっている。ちょうど一台分空いていたよ。

混雑している店内で四人掛けのテーブルに案内されると、ぶぶまるが横に座った。

「えへへへへ」

なんで横に並ぶんだよ。変に思われるから向かいに座れよ。

「やだーっ。隣がいい♪」

プリティな店員さんが注文を取りに来る直前になんとか向かいに移動させた。

ええと、おれは八雲和牛のサイコロステーキ九八〇円の塩味で、こいつは……？

「一時間ぐらい考えさせてください」

すいません。一分考えさせてください。

いつもそうさ。注文を決めるのに時間がかかり過ぎるんだよ。こちらはその時間が苦痛でしかないことがわかっていないんだろうね。悩んだ末に八雲けんこう豚の生姜焼きランチ八八〇円に決めたので、お姉さんを呼んで注文をすると、「サラダも食べたい」と言って野菜サラダ五二〇円を追加し、さらに「小さいビールも飲みたい」と付け加えた。

「小ジョッキはないんですけど……」と店員さんが言ったので、普通のジョッキをひとつ注文すると、数秒前に小さいビールを飲みたいと言った口で、

「ケチだなぁ。こういう時は大ジョッキだろ😒」と怒った。わけがわからない。

店内は昼休憩のサラリーマンでにぎわっている。隣の席のふたりはプロレスの話題で盛り上がっているようだ。プロレスの話題で焼き肉ランチ。いいねぇ。

すごいんだよ、今回のフリースタイル。片岡義男さんと名前が並んでいるんだよ。

と、リュックから一冊の雑誌を取り出して、ぶぶまるに自慢したけど無反応。基本的にこいつは人の仕事に興味がないからなぁ。ビッグコミックオリジナルにエッセイが載って『はぐれ雲』のジョージ秋山さんと名前が並んだ時でさえ全く関心を示さなかったからね。

うひゃっ。油断していたら、いつのまにかぶぶまるが隣に並んでいた。

目立つからやめろよ。おまえが動かないならおれが動くよ。と、移動しようとした時、運悪くサイコロステーキが運ばれてきた。どっちに置いたらいいか困惑する店員さんに、「こっちです」だって。もう。お願いだから、普通にしてくれよ。

八雲和牛のサイコロステーキは九八〇円とは思えない美味しさだった。なのに、なんなんだよ。ぶぶまるは露骨につまらなそうな顔をしている。根っからの壊し屋だ。

そのいかにも不味そうな食べ方はさほど時間を要せず店の人に伝わったらしく、おいらが、ああ旨かったぁ、幸せ～という表情で顔を上げたのとは対照的な冷たい視線が厨房からこちらに向けられていた。決めたよ。こいつとは『二度と行かない店』にだけ行くって。

「あーっ♀。銭湯だよ♪」

気まずい思いで店から出ると、案の定、向かいの銭湯に反応した。

「まだやってないってことは今ごろ沸かしている最中なのかな。入ってから歩こうよ」

絶対に駄目。今日は気温が上がらなくて寒い一日だから、風呂に入ってから歩いたら風邪を引くでしょ。おれなんか長袖を二枚も着て歩くんだよ。

「全然寒くないよ。暑いから半ズボンで歩きたい」

出た。最高気温が一四度にしかならないのに「暑い」と主張する病気が出たよ。変わったのは仕事と服装と化粧と恋人だけで中身は何も変わっていないってことかよ。

「シマムラで半ズボンを買いたい♀」

歩き旅の途中なら買ってもいいけど、今日は寒くなる一方だから半ズボンは反対だな。はぁっ……。歩く前からブルーな気分だよ。いやなことばかりの人生さ。

午後のパレード

二〇分以内と書いてあるけど、帰路はこの駅に降り立つんだから許されるだろうね、と八雲駅前の駐車場に車を駐めようとしたら、ぶぶまるが噛みついてきた。

「だめーっ🎈　二〇分以上駐めるんだから、ここには駐めないでください🎈」

おまえ、世の中のルールはだいたい破るくせに、突然なんなんだよ。

「あそこが空いてるから、あそこに駐めちゃいなよ」

ばかっ。月極駐車場って書いてあるでしょ。そっちの方が大問題🎈

「大丈夫だよ。駐めたらだめだとは書いてないから」

月極駐車場って言葉には『契約者以外は駐めたらだめ』が含まれているの、常識的に。

「常識的って何さ🎈」

常識的というのは月極駐車場に駐めないことだよ🎈　上等な肉を食べさせてくれる店で不味そうに食わないことだよ🎈　最高気温一四度の日に半ズボンで歩かないことだよ🎈

だめだ。しばらく離れている間に、ぶぶまるのわがままが可愛く思えなくなっている。

じゃあ、はぴあの駐車場に駐めさせてもらうよ。

駅と隣接した広い駐車場にしばし駐めさせていただくことにする。

「はぴあって何？　なんの略？」

知らないよ。

「ハはなんのハ？」

知らないってば。

「ピはピアノのピ？」

だから知らないって。さあ、車も駐めたし、さっさと着替えて歩くぞ。

「あざらしくんひとりで歩けばいいのに。ここなら、ぼく二時間でも三時間でもひとりで時間つぶせるよ。あ、八雲山車行列だって♪　お祭りかな？」

すぐにでも歩きだしたかったのに、ぶぶまるを説得すること数分。なんとか観念して歩く準備を始めたと思ったら、Ｔシャツに着替えようとしているでないの。

「だって、暑いんだもん♪」

すぐに寒くなるからと言い聞かせて、白い長ズボンとグレーのパーカーに着替えさせた。一刻も早く八雲駅に行って正式にスタートしたいよ。

「かいー、かいー、かゆいーーーーーっ♪」

かいたら余計かゆくなるから、かかないの。

「はぁーっ……。やっぱり歩きたくないよ。ねぇ、ひとりで勝手に歩いて、ぼくも居るように書くことはできないの？」

それは無理。おまえの破天荒さはおれのような凡人には想像できません。

結局、八雲駅前に着いてから一五分近くモタモタしているよ。いつのまにか雨は止んでいるけど予報通りに肌寒い。ぶぶまるが今すぐ飲み物を買いたいと言うので、はぴあの中の自動販売機で買うことにする。車を駐めさせてもらっているせめてものお礼も兼ねてね。

「ぼくも万歩計あるんだよ」

おまえは別に付けなくてもいいよ。

「やだーっ〇。ぼくも付けたいの〇」

わかったよ。付けてもいいから、早く飲み物を買って、早く歩き始めようよ。

「寒い……。長袖の上にパーカーを着てるのに寒いよ」

そうだろ。誰だよ、暑いから半ズボンとTシャツで歩くって言ってたの。

「そんなこと言ってない〇。ねぇ、もう一枚着たいから車に戻ってよぉ」

はいはい。ふぅ。また車に戻る。いったい何をやっているんだろ。いつまでたってもスタートしないや。車に戻ったついでに、おいらは首タオルをやめて冬用のマフラーを巻いた。ぶぶまるが居ない日は晴れて暖かいのに、ぶぶまると歩く日は寒い日が多いのさ。

気のせいか風も強くなってきた。ぶぶまるがパーカーの上にダウンを着ている。

「リュックがずり落ちるから直して〇」

はいはい。ダウンを着た時恒例の大騒ぎが始まったよ。

「左右の長さをちゃんと合わせて〇」

だいたい合ってるって。もう、面倒臭いやっちゃなぁ。

「はぁ～っ……」

おまえが溜め息をつくなよ。

「なんか長さが合ってない。やだーっ〇」

ぽおぉぉぉぉーーーーっ〇。

汽笛の音だ。わかったよ。駅で直してあげるから、まずは八雲駅に行こう。

一三時二八分。やっと、スタート地点の八雲駅に着いた。二〇分以上ドブに捨てたよ。

あらら。駅前の蕎麦屋の隣の建物が売りに出ている。去年は売りに出ていなかったぞ。

「あざらしくん、顔ハメ看板があるよ♪」

八雲駅の中には青い四連椅子が二脚ずつ三列並んでいて、列車待ちの若い女性や高齢者が四名座っている。キヨスクのほかに『八雲特産品コーナー』もあるけど、展示しているだけで販売はしていない模様だ。

列車待ちのおじちゃんと会話をしているキヨスクのショートカット店員さんの応対の仕方に好感を持ったので、何か買おうとしたら、ぶぶまるが横槍を入れた。

「スタート地点で物を買うのはルール違反でしょ💭」

そんなルール、初めて聞いたぞ。だめなのは出発前に買うことでしょ。

「勝手にルールを変えるな💭」

それはおまえだろ。もう。単なる焼き餅なのがバレバレだよ。わかったよ、行こう。

前回は八雲駅の北側をくまなく歩いたので、今回は駅の南側探索さ。

ドキドキしちゃう

駅前には山形屋旅館がある。ビジネスホテルフレスコ別館もある。

逃げてるな、おれたち。

駅にこだわる旅をしているのだから、老舗の駅前旅館に止宿して、駅前の食堂で飯を食べて、駅前のスナックに繰り出すのが正解なんだろうけど、駅から少し離れた温泉宿に逃げているよ、おれたち。余市とか倶知安の駅前宿、楽しかったなぁ。いきなり反省さ。

駅前の道を歩いて行くと、サツドラ、トヨペット、ツルハ、セブンイレブンといったチェーン店もあるし、自動車整備工場や時計店といった地元の商店や塾も並んでいる。

「店の観察とかしなくてもいいから早く行こうよ」

せっかくいろんな店があるんだから、ここは急がなくてもいい場所なんだよ。店がなくなったら早足で歩けばいいのに、おまえって逆なんだよなぁ。

「別にぼくは歩きたくないんだから、文句言うんならやめたっていいんだよ」

おまえの都合に合わせて三日間都合つけてきたのに、やりたくないってなんなんだよ。

「おしっこしたい♀」

早いなぁ。駅でしてきたらよかったのに。ほら、ちょうどトイレがあるぞ。

商店街の南はずれにほど近いツルハで飲み物でも買ってトイレを借りるとする。ぶぶまるが今買う必要がないものばかり買おうとするので必死で阻止する。

「あ、ベルトも売ってるよ。グッチっぽいやつを買おうかな。やっぱりいらない」

自由人だなぁ。惚れ惚れするほど自由人だよ。結局、いろはすと十六茶とおやつ（ベビースターラーメンなど）を購入する。

ごおおおおっ、ごおおおおおっ。ツルハから出ると道道の騒音がうるさく感じた。

「あー、落としちゃった♀。えへへへへ」

食べ物をポロポロこぼしながら歩き食いするなって。ほら、子供たちが見てるぞ。悪影響を与えるからやめなさいって。

「そういえばね、さっき、トイレで万歩計、落としちゃったさ」

えええええっ。まさか便器の中じゃないだろ？

「手を突っ込んで拾ったよ。えへへへへ」

汚いなぁ。だから慣れないものを付けるの反対したのに。

「ねぇ、パーカーの紐の長さが左右違うから直してよ」

それは今慌てなくてもいいことでしょ。

「まあね」

だったらそろそろテキパキ歩こうよ。セブンイレブンと馬場商店を過ぎたら商店街もなくなるからね。馬場商店の前で立ち止まっている必要ないだろ？

「あとどれぐらいで長万部？」

長万部はとっくに過ぎたよ。長万部⇩八雲⇩森⇩駒ヶ岳⇩大沼⇩函館だからね。

「えーっ、過ぎたの？　お菓子屋さんに寄りたい〜」

何を買いたいんだよ？

「別に何も買いたくない」

じゃあ、歩こう。ここに立ち止まっている意味がわかんないんだってば。

とある施設に寄り道したいので、佐藤美容室を過ぎたところで右折して踏切を渡る。

貨物退避線も含めて四本もある線路を渡るのはわくわくするなぁ。

「靴の紐を縛り直したい💭」

もう少し歩いたら、たっぷり待ち時間があるから、そういうことはそこでしてよ。

「どこに行くのさ」

図書館だよ。どうしても一度行ってみたかったんだ。

「調べてきたのか？」

調べてないよ。地図を見たら駅の裏手に図書館があったから寄るの。昔、親しくしていたおじさんが研究していたＵＦＯの資料が寄贈されているはずだから、確かめたくて。

「昔の女でしょ」

おまえ、人の話を聞いてなかったのか？　ＵＦＯおじさんだよ。

「知ってるよ。昔の彼女なんでしょ💭」

バカか、おまえは？　それとも喧嘩を売りたくて仕方ないのか？　ほら、そこだよ。

「へへへへ」

場所がわかりにくいからだろうね。派手な黄色い看板にクッキリと図書館と書かれた看板が出ている。あれれ、真新しいぞ。そうか、移転新築というやつか。だとしたら、ＵＦＯおじさんが亡くなる間際に寄贈した資料はもう残ってないかもしれないなぁ。

「ぼくは行かないよ」

出た。ひねくれ豚め。靴紐とかパーカーの紐とかいろいろ直したいんだろ。図書館の中で座ってゆっくり直せよ。

カッコー、カッコー、カッコー、カッコー。裏の森でカッコーが鳴いている。

立派な図書館だなぁ。と、入るなり思わずつぶやくと、

「全然立派じゃない？」と、ぶぶまるが中の職員に聞こえる声で叫んだ。

しばらく会ってない間にものすごく意地悪な顔になっているよ。目付きの悪さが尋常じゃないもの。人の顔って半年で変わってしまうんだなぁ。これすべて心の声ね。

「なにっ？ コレくれるの♪」

ぶぶまるの今日一番テンションが上がった声が館内に響く。入口付近に積まれた雑誌や絵本の処分コーナーを見て喜んでいるらしい。タダに弱いからなぁ。でも、財界さっぽろやクオリティの古い号なんてうれしいのだろうか。あっ、口笛を吹いてるぞ。

図書館の中で口笛を吹くのはやめろよ。

「ふんっ。手を洗ってくる？」

やばいなぁ。本当に悪相になっちゃったよ。そういえば、今日は一回も可愛いと思わなかったや。去年までとは全く別人に見えちゃって可愛くないんだ。

すいませ～ん。新しくなる前だと思うんですけど、町内で建築士をしていた小林さんがＵＦＯの研究をまとめた資料を図書館に寄贈しているんです。まだ残ってますか？

『書架ご案内』と書かれたカウンターで訊いてみると、真面目そうだけどチャーミングな女性職員が「その話、聞いたことがあります。今調べてみますね」と真顔で答えた。

えっ。聞いたことあるんですか？

「はい（笑）」

笑いながら奥に消えたと思ったら、男性職員が出てきたので再度説明すると、バックヤードを調べるので、しばし待っていてほしいとのこと。

時間がかかるんなら、ぶぶまるが暴れるだろうなぁと思ったら、あらら。新刊雑誌コーナーで立ち読みをしたり、ヒマワリの種とかポストカードなどなどの無料配布品をもらったりして楽しそうな風情でないの。よかった。

一〇分ほど待たされただろうか。

「まだいっぱいあります」と言いながら、さきほどの男性職員が大量のアルバムを抱えて歩いてきた。

ドサッと机の上に置かれたアルバムには『八雲のUFOレポート』『UFO情報』『UFO参考データ』などと

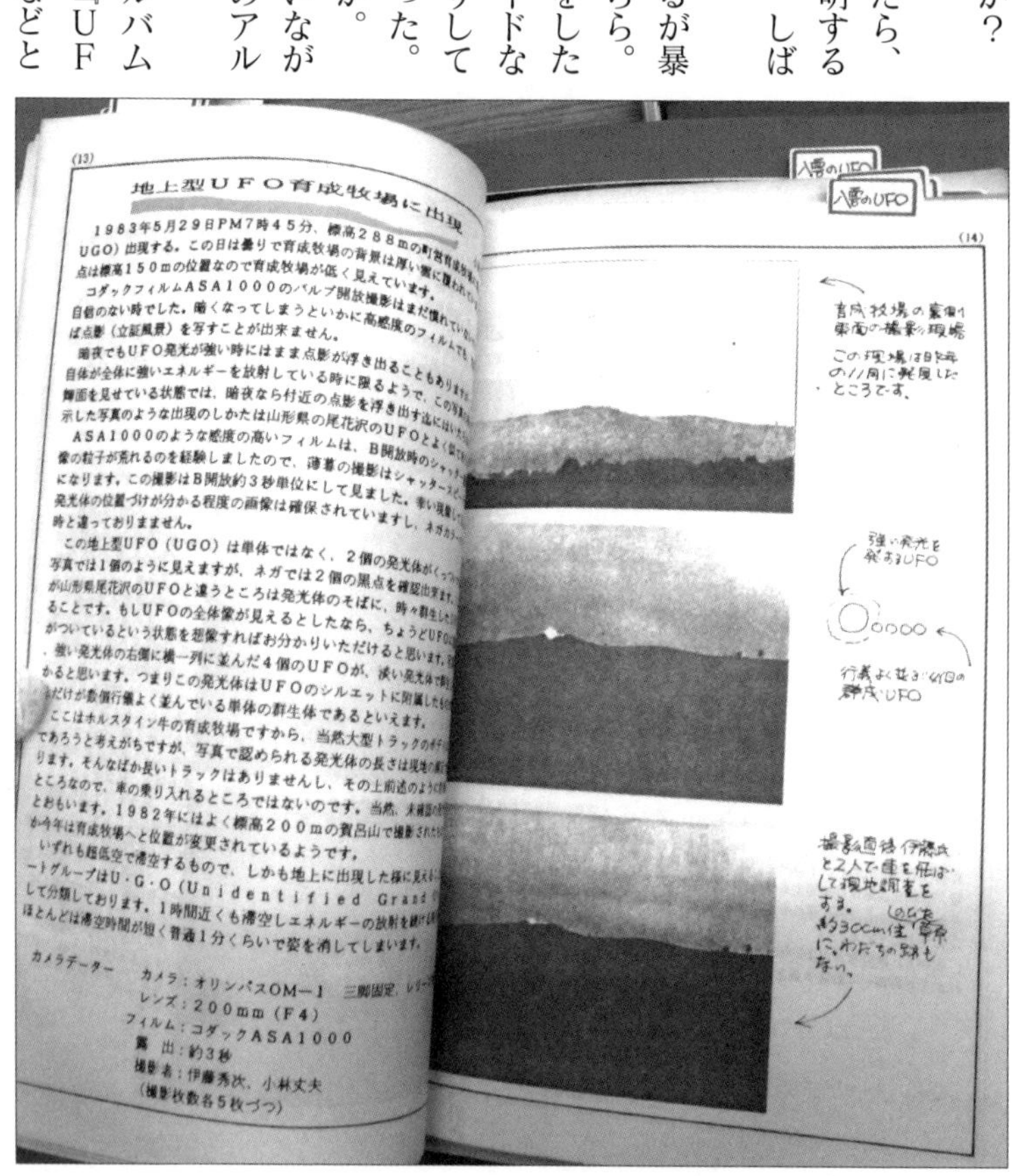
(13)

地上型ＵＦＯ育成牧場に出現

１９８３年５月２９日ＰＭ７時４５分、標高２８８ｍの
ＵＧＯ）出現する。この日は曇りで育成牧場の背景は厚い
点は標高１５０ｍの位置なので育成牧場が低く見えています。

コダックフィルムＡＳＡ１０００のバルブ開放撮影はまだ慣れてい
自信のない時でした。暗くなってしまうといかに高感度のフィルムでも
ば点影（立証風景）を写すことが出来ません。

暗夜でもＵＦＯ発光が強い時にはまま点影が浮き出ることもあります
自体が全体に強いエネルギーを放射している時に限るようで、この
舞面を見せている状態では、暗夜なら付近の点影を浮き出す
示した写真のような出現のしかたは山形県の尾花沢のＵＦＯとよく

ＡＳＡ１０００のような感度の高いフィルムは、Ｂ開放時の
像の粒子が荒れるのを経験しましたので、薄暮の撮影はシャッター
になります。この撮影はＢ開放約３秒単位にして見ました。
発光体の位置づけが分かる程度の画像は確保されていますし、
時と違っておりまません。

この地上型ＵＦＯ（ＵＧＯ）は単体ではなく、２個の発光体が
写真では１個のように見えますが、ネガでは２個の黒点を確認出来ます。
が山形県尾花沢のＵＦＯと違うところは発光体のそばに、時々
ることです。もしＵＦＯの全体像が見えるとしたなら、ちょうどＵＦＯ
がついているという状態を想像すればお分かりいただけると思います。
、強い発光体の右側に横一列に並んだ４個のＵＦＯが、
かると思います。つまりこの発光体はＵＦＯのシルエットに附属した
だけが数個行儀よく並んでいる単体の群生体であるといえます。

ここはホルスタイン牛の育成牧場ですから、当然大型トラックの
であろうと考えがちですが、写真で認められる発光体の長さは
ります。そんなばか長いトラックはありませんし、その上前述のように
ところなので、車の乗り入れるところではないのです。当然、
とおもいます。１９８２年にはよく標高２００ｍの賀呂山で撮影された
か今年は育成牧場へと位置が変更されているようです。

いずれも超低空で滞空するもので、しかも地上に出現した様に見え
ートグループはＵ・Ｇ・Ｏ（Ｕｎｉｄｅｎｔｉｆｉｅｄ　Ｇｒａｎ
して分類しております。１時間近くも滞空しエネルギーの放射を
ほとんどは滞空時間が短く普通１分くらいで姿を消してしまいます。

カメラデーター　カメラ：オリンパスＯＭ−１　三脚固定
レンズ：２００ｍｍ（Ｆ４）
フィルム：コダックＡＳＡ１０００
露　出：約３秒
撮影者：伊藤秀次、小林丈夫
（撮影枚数各５枚づつ）

いったタイトルがそれぞれ付けられていて、自分で撮影した写真や研究文、新聞の切り抜きなどが貼られている。一九七九年ごろから一九九〇年ごろの記録が多いようだ。

「ブッ(笑)。馬鹿馬鹿しいね」

いつのまにか横に座っていたぶぶまるが吹き出したので、UFOおじさんこと小林丈夫さんの自説を小声で説明した。
●人間には何も見えない暗闇でも赤外線カメラだと写るように、眼球の色が異なると虹の色に違いが出るように、人間の目は不完全で捉えられる光の波長の幅が狭いので、極端な紫外線や赤外線を放出する物体があったら人間の目では捉えることはできない💭
⇩一方、カメラのフィルムは人間の目よりも捉えられる光の波長の幅が広いので、人間の目に見えていないものも写るはず💭

⇩だとしたら、長年の勘で空をパシャパシャ撮影したら、目には見えていなかったUFOが写るはず💭　というのが小林説なり。

「それは当たっていると思うよ」

えっ。あっさり信じちゃったの？　拍子抜けするなぁ。

大量のアルバムを開きながら、小林さんが撮影するUFOは空飛ぶ円盤だけじゃなくて、道路を歩くドナルドダック型のUFOとか、車のテールランプのふりをしているUFO、樹木に座っている妖精風UFOなどなど多岐にわたることも説明すると、ぶぶまるは「そんなにいるの？　すごいね」と、一瞬眼を輝かせた。でも、すぐに続けた。

「これ、誰が読むの？　寄贈された図書館も迷惑だね」だって。失礼なやっちゃなぁ。

おまえは知らないだろうけど、11PM（イレブンピーエム）にも出演しているし、学研のムーをはじめ多くの本にも登場しているし、UFO業界ではすごい人なんだよ。いいよ、海豹舎で本にして出すから。タイトルはズバリ『北海道のUFO』。乙部町役場の西田卓見（小林さんを敬愛するUFO研究家）にも協力してもらったら出せるかも♡。

「はぁ〜っ……」

だから、露骨な溜め息はやめなさいって。

つくづく夢のないやっちゃなぁ。

あまい果実

本当は持ち出し禁止のUFO資料をもっと複写したかったけど、早くやめろ早くやめろとぶぶまるがうるさいので泣く泣く複写を断念。一四時〇八分に図書館を出る。

とても親切な図書館だったよ。だって、よくよく考えたら、もうすぐ七月なのに赤いマフラーを巻いてリュックを背負ったおじさんと性別不明の子豚が「UFOの資料を見せてほしい」と申し出たことに誠実に対応してくれたんよ。図書館は書店の敵だと思って嫌ってきたけど、少しだけ考え直すことにするよ。

風が強くなってきたからだろうね。外は一段と冷えてきている。暑いから半ズボンで歩くと騒いでいたぶぶまるはパーカーの帽子をすっぽりかぶって口笛を吹いている。

あれれ。左手に八雲合同庁舎があって、右側には丸太がいっぱい積んである場所に出たけど、これであってるのかな。右斜め前にホクレンのガソリンスタンドがあって……あった。目印のセイコーマートだ。ここを曲がると『木彫りの熊発祥の地』の石碑があるはず💭

「もう、そんなのどーでもいいよ。木彫りの熊なんて全く興味がないから早く歩こうよ」

おまえ、石碑が大好きだから喜ぶと思ったのに。

「ここが木彫りの熊の発祥地とは思えないから別に行かなくてもいい💭」

相変わらず、科学とか歴史とか全否定だなぁ。大正七年三月、八雲のアイノによる羆狩りと羆送り（イヨマンテ）を目にして、その循環思想に感銘を受けた徳川義親（とくがわよしちか）が、その五年後の大正一二年にスイスから熊の木彫りを持ち帰って、八雲でその制作を推奨。翌年、酪農家の伊藤政雄さんが木彫り羆の第一号を完成させたのを皮切りに、木彫り羆は北海道の土産品として全道で彫られるようになったことが多くの資料で証明されているのにさ。

一時期、多くのアイノの生活の基盤となった木彫制作のきっかけが、アイノを先住民族として認めてきた徳川幕府の末裔だったと説明しても、ぶぶまるは弁駁（べんばく）してくる。でも逆捩（さかね）じは食わせなかった。論じるだけ徒労だからね。

わかったよ。行かないよ。

ぶぶまるの機嫌を損ねない方を優先して八雲駅の裏を南に向かって歩き始める。

「お菓子欲しいーっ💭」とぶぶまるが叫ぶので、くらやという菓子舗に立ち寄る。

「ドラ焼きは買ったらだめだからね」（なんでだ？）

「これ、ジュエリーみたい♪」

「このマシュマロ、ぶぶまるに似てるよ♪」（ぶぶまるはおまえだろ💭）

「やっぱり、いらない」

さんざん悩んだ末に、得意の台詞が出た。一体何をしに立ち寄ったんだか。

買えよ。あとで、絶対、買えばよかったって後悔するぞ。

「じゃあ、これでいい。ほおずきんチャン」

これでいいとか言うなら買わないぞ。物の価値が激減するだろ。

『ほおずきんチャン大福』二四八円と『やくもっちぃもなか』二一六円を購入する。どちらも可愛いイラストが描かれている。パッケージのセンスがいいなぁ、くらや。

これはひょっとしてフルーツホオズキが入っているのですか？

「そうです。今、凍っていて固すぎるので、少し溶かしてから召し上がってください」

じゃあ、手熱（てねつ）であったためてから食べますね。

「手熱ですか？　きゃはははは(笑)」

レジの若くて可愛い子とおいらが楽しそうに話しているのを悪相豚がにらみつけている。

時刻は一四時二二分。出発して約一時間。二匹はまだ八雲駅周辺をうろついているよ。

くらやを出て、エネオスのスタンドを越え、高速道路の下をくぐる。トヨタ店とネッツ店の共同店舗、八雲総合病院、布団も洗える大型コインランドリー……。街は続いている。

ちゅん、ちゅん、ちゅん。ごおおおおおっ、ごおおおおおっ。

「ねぇ、食べようよ」

ぶぶまるが歩きながら最中を食べ始めた。こちらの手の中の冷凍大福はまだガッチガチに凍っていて食べられないことなんておかまいなしだ。

「美味しいね♪」

自分だけ旨そうに食べやがって。だいたい、こんな寒い日に冷凍の大福を食べないと駄目な意味がわかんないよ。手が冷たくなるので手熱で溶かすのは断念する。

八雲動物病院を過ぎた辺りで、突然、ぶぶまるが人のリュックを後ろから引っ張ったので、思わず引っ繰り返りそうになった。間一髪で踏ん張ったけどさ。

危ないなぁ、突然何をするんだよ！

「水を飲みたいんだもん」

しゃべれるんだから、突然後ろからリュックを引っ張る前に「水をください」って言えよ。こける寸前だったぞ。

「だって、すぐに水を飲みたかったんだもん」

わがままを言うなら自分の水は自分で持って歩け。

「いやです！」

おまえ、会ってない半年の間にわがままに磨きがかかってるぞ。何があった?

「そうやって、からんでくるのやめて！」

いちいち声がでかいって。犬が心配そうに見てるだろ。

「ハチッ！　ハチッ！」

ハチの家、と書かれた犬小屋の下で寝転がっている柴犬に向かって、ぶぶまるが遠くからちょっかいをだしている。びびり屋なので近づくことはできないらしい。

おいらが普通に近づいてハチの頭を撫でると怒っていなくなった。

WORKING MAN

チュイーン、チュイーンと金属を切断する音が響いている。

ううむ。この道道を南に進むと自動的に国道五号線に合流するので、本当なら国道に出るのを少しでも遅らせるためにこの道を歩き続けるべきなんだろうけど、整備工場ばかりで、ぶぶまるがつまらなさそうなのだよ。さっさと国道にシフトすることにするね。

ホンダの手前の信号を左に折れて国道側に進むと、つぶれたロッキーがあった。そして気付いた。ここから国道に出ても国道沿いのにぎわいはとっくに途切れていることに。

「あざらしくん！」

機嫌を損ねて少し前をひとりで歩いていたぶぶまるが突然大声で叫ぶ。

「人が居るよ！　あの人、何をしてるの？」

何かの作業をしている人でしょ。

「なんか怖いね」

だから、そういうことを大声で話すなよ。ほら、怪訝そうにこっちを見ただろ。

国道五号線に出るとケーズデンキの南側で、ちょうど街外れだった。あとはモダセルフとかシェルとかガソリンスタンドしかなさそうだよ。つまらないなぁ。どうせ国道にシフトするのならもっと早くシフトすべきだったかもね。

「シマムラに寄りたかったなぁ」

ごおおおおっ、ごおおおおっ。さすが国道。車の騒音レベルは道道の比じゃないぞ。

「ダイニングパスタだって。ソフトクリーム売ってないかな？」

えっ。この寒さの中でソフトクリームを食べたいの？

「だってヒマなんだもん」

出た。お得意の、だってヒマなんだもん。

「えへへへへへ」

ごおおおおっ、ごおおおおっ、ごおおおおっ。

「潮の匂いがするよ♪」

ここからは見えてないけど、すぐそばに海があるからね。

「すごーい♡。見えてないのに当てたよ♡」

国道五号線を歩いているんだもん、海があることぐらい容易に想像できるだろ。

「いいから褒めてよ。あ、本当だ。海が見えたよ♡。あーっ♡。あれで背を測りたい♡」

海を見て喜んだと思ったら今度は八雲町消防本部の壁に高さ一七メートルまで刻まれている目盛りを見て興奮している。落ち着きがないったらありゃしない。

「怒られないかな？」

壁の目盛りで身長を測るだけだから怒られないよ。まぁ、本当は津波で浸水した時に水位を測る目盛りだろうから不謹慎といえば不謹慎なんだけど、いいよ、測っちゃえよ。

「なんセンチ？」

一メートル六二センチぐらいかな。目盛りが一〇センチ単位なので一の位は適当ね。

ごおおおっ、ごおおおおおっ、ごおおおおおっ。車がうるさい。

このあと、ぶぶまるがローソンで大量の食料品を買おうとするのを荷物になるからと阻止したり、おなかが痛いと騒ぐのをなだめたりして、八雲駅前を通る道道と国道の合流点にあるローソンをやっとのことで脱出した。

次の山越駅まではレールの距離だと五・一キロなので、多少寄り道をしても二時間あったら歩けるのに、今回は一時間かけてもまだ駅周辺にいるよ。へなちょこ旅史上まれにみるへなちょこぶりだ。見ると、ぶぶまるが右に左に揺れながら歩いている。危ないなぁ。

国道五号線を南下するとホテルパートナーというラブホテルの電光掲示板がピカピカと光っていた。八雲は駅をはさんで南北の合流点近くにラブホテルがあるんだね。

「ぼくはしょっぱいものを食べるよ💭」

ぶぶまるがローソンで買った濃い口醤油煎餅を食べ始めた。

おまえ、絶対に腹減ってないだろ。

「暇だから食べるの💭　もぐもぐもぐ……」

ごおおおおおっ、ごおおおおおっ。

うるさいし、排気ガスが臭い中で、ぶぶまるが食べ歩きをしている。よく食えるよなぁ。旨そうに食ってるよ。冷凍食品や化学調味料を使ってないちゃんとした店のちゃんとした料理は不味そうに食うのにコンビニで売ってる大量生産品は死ぬほど旨そうに食べるんだ。

八雲跨線橋を渡ったので、線路が国道の右側から左側、つまり海側へとシフトする。

「電線注意って書いてあるけど、誰が注意するんだろう。鳥かな?」

鳥は日本語読めないでしょ。

「海だよ♡。」

はぁ。会話が成立しない。相手の話を聞く気が最初からないんだろうね。

「ぶひひひひ（笑）」

今度はニヤニヤと笑い始めた。見ると、『八雲町かつら共同の家』と書かれた看板が立っている。知的障害者向けの共同作業所か何かなのに、『かつら』に反応したらしい。

「知ってるよ。地名か人の名前がカツラなんだよ。それともカツラを作るところ？」

全部違うと思うよ。白樺（しらかば）作業所とか、槐（えんじゅ）ハウスとか、そういう類（たぐい）でしょ。

ごおおおおっ、ごおおおおっ。という走行音に加えて潮風が、ごーごーと吹いている。キキョ、キキョ、キキョと野鳥が鳴き、不謹慎なぶぶまるがニヤニヤ笑っている。

噴火湾パノラマパークまであと二キロという看板が見えた。二キロだと山越駅の手前なので寄り道ポイントがまた増えてしまったよ。こっそり素通りしようかなと考えていると、

「パノラマパークって、ぼくが行きたかったところだよ」だって。

ぶひー。行くしかなくなっちゃったよ。

酪農ガールとキムチとパノラマ

浜松に入った。

廃品回収工場とか景色は殺風景の極みで、車は相変わらずガンガン走っている。

唯一の慰めは左側にずっと海が見えていることだ。

水平線がとっても高い。電線のすぐ下まで海があるように見える。

ぶぶまるはローソンで購入した菓子を食べ続けている。止まらなくなったみたいだ。おいらも冷凍大福を食べようと思ったけど、まだしっかりと凍っていた。歯が立たないや。

あ、カンカン聞こえてきた。何が来るかな？

「新幹線だったらどーしよう♡」

新幹線はまだ大野までだよ。こっちに来るのはまだずーっと先。それ以前に、新幹線はほぼ一〇〇パーセント高架だから下は走らないと思うよ。

函館行きの特急北斗が通過した。ぶぶまるに遠慮して一枚だけ写真を撮ると、

「海があって、廃屋があって、いい写真だったね」だって。やはり変わったか、こいつ。

でも、確かに、ここはいい風景だ。海岸に向かって蛇行する道が続いていて、踏切があって、廃屋があって。ちゃんと撮影したら絵になっただろうね。

「なんかアレみたい」

なに？

「アレさ」

あ、危ない♡

奥津内橋でポン奥津内川を渡ったところで、路側帯からはみ出しそうになったぶぶまるが後方から来た車にひかれそうになった。

「怖かったよぉ……♡　あーん、怖かった……、あーん、あーん……♡」

ぎゅっと抱き締めると泣き止んだので、右側の路側帯へとシフトする。左側は後から車が来る分、事故の確率が高まるからね。

釣りエサ屋があったり、日曜農家市の看板があったりして、少しは住民の気配がしてきたけど、相変わらず主な景色は生コンとか工場ばかりで、ふれあい旅の要素はゼロだ。

あぁあ、もっと文化的なものがないかなぁ。

ごおおおおっ、ごおおおおおっ、ごおおおおおおっ。

やっぱり木彫りの熊発祥地の碑を見ておけばよかったなぁ。

「そんなの、ここが発祥のわけがない♀」

徳川義親が聞いたら悲しむよ。あっ、歩道になった。家がいっぱいあるぞと思ったら黄色い民宿の看板を発見。民宿浜松。一泊二食五五〇〇円。浜松の集落部分に出たようだ。

赤い郵便ポストと赤いコーラの自動販売機がある商店を見つけたのでのぞいてみたら、既に廃業していた。残念。無個性のコンビニよりもこういう商店に立ち寄りたかったのに。

ぶぶまるが国道は車が怖いと言うので、廃業商店から浜松小学校の方に折れると、すぐに乳牛の牛舎があった。ぶぶまるとのぞきに行くと、ありゃりゃ。ここの牛は可愛いぞ。みんなめちゃめちゃ愛されている顔をしている。

「右から二番目の子が固まっちゃった。動かないよ」

おまえを見てびっくりしたんだろ。気が付くと、おいら、可愛い♥を連発していた。

えっ。人だ。誰も居ないと思ってはしゃいでいたら人が居たよ。しかも若い女の子だ。しかも可愛い。ボーイッシュな酪農ガールだぞ。

こんにちは。

「こんにちはー♪」

ここの牛、めちゃめちゃ可愛いですね。

「あはははは」

ぶぶまるの機嫌が急激に悪くなってきたので、道を尋ねることで取り繕う。

八雲にアマチュアの落語家で佐藤さんっているんですけど、わかりますか？

「えーっ、落語家ですかぁ？」

高座名は喜夢知（きむち）です。

「キムチさん、わかんないですぅ♥」

すいません。さよなら。

「ぶひひひひ。恥かいた♪」

うるせー。あった。浜松小学校だ。浜松小学校というだけあって、敷地内に松の木がある。金色夜叉で貫一がお宮を足蹴にしている時に後にある松のような内地っぽい松だ。

ここを左折して国道と平行して行けるところまで歩くとする。

ちゅん、ちゅん、ちゅん、ちゅん。スズメが遊んでいる。と思ったら人間の子供たちも遊びながら飛び出てきた。この学校やってるんだ。よかった。

「四人居たよ。最低四人は居るね」

四人かぁ。スポーツをするには少なすぎるなぁ。それにしても、レンガの煙突がお洒落な校舎だよね。あっ、石碑があるよ。見てこよう。

「やだっ。」

石碑が好きだと何度も自分で言っていたのに、ぶぶまるは勝手に歩き始めた。

国道のような喧噪とは無縁の長閑な舗装道路を南に向かって歩いて行くと、緑色の帽子をかぶった農家のおじさんがこちらを見ているので道を尋ねた。

この道って、ずっと歩いて行ったら国道に出ますか？

「パノラマなの」

ブルーの作業着を着た長靴のおじさんが「パノラマなの」と言った。謎だ。

「立体交差しているのさ。高速の上さ行って、下がるんだ」

駄目だ。言語は明瞭だけど、意味がよくわからないや。

国道に出ることは出るんですよね？

「んだ」

それは山越駅より手前ですか？

「山越より手前さ」

よし。それさえ聞けたら安心して歩いて行けるよ。

ちなみに、アマチュアの落語家で喜夢知さんって知ってますか？

「知ってる、知ってる」

なんと、知ってる人がいたよ。喜夢知さんの家はわからないとのこと。でも上出来だ。

さっき小学校から飛び出てきた子供がおじさんの家から飛び出てきた。立体交差とかパノラマの意味はイマイチわからなかったけど、面白そうだからこの道を行くとしよう。

LIKE A CHILD

「ねぇ、あの巨大なビニールハウスみたいな、植物園みたいな建物はなんなのさ」

なんだろうね。さっきのおじさんに訊いてみようか。

「やだーっ○。おなか痛くなった○。やだやだやだやだーっ○。早く帰りたいよー○。」

なんだろう。急にヤダヤダスイッチが入ったらしい。はぁ。気になるなぁ。なんなんだろ？

わかったわかった。誰にも訊かないから行こう。

「じゃあ訊けよーっ○。」

といったやりとりをさっきのおじさんがとても不思議そうに遠くから見ていた。

（大声で）あの透明の建物はなんですかー？

「あれは堆肥○。牛の便○。」

えええっ。匂いは漏れてこないんですか？

「来る、来る（笑）。この辺は酪農と農家と両方しているから、皆、自分のところの牛で堆肥を作って、自分の畑に撒くのさ」

酪農してない人は臭い損ですね○。

「そうそう（笑）。肉牛を飼ってる家もあるんだよ」

「今日食べたやつかな？」

ぶぶまるが肉牛に反応した。おじさんが親切にこちらに歩いてきて笑った。

「そうかもしれないよ。あははははは」

おじさんと別れて歩くと、浜松中央会館を過ぎた辺りで堆肥の匂いが強烈になった。

「こっちはさっきよりも匂ってるよ……」

結構くるねぇ。

「（振り返って）おじさん、ついてきてるよ」

えっ。（振り返って）本当だ。

「暇なのかな？」

そういうことを言わないの♀

「あ、帰っちゃった。聞こえたのかな。ねぇ、これは早く駅に着く道なんですか？」

早く駅に着くことに意味はないだろ。これは静かで楽しく歩ける道だよ。

「もう歩きたくない♀ 今回だけは歩きたくなかったの♀」と叫ぶと、本当に泣いているのかと思うぐらいシクシクしていたのに、少し先にあるメルヘンチックな家を見つけると、

「新しい家だよ。テラスまである。あ、中にハシゴもあるよ。ロフトみたいになっているんだね。素敵だなぁ。中見せてもらえないかな♪」と、もう笑っていた。

ぶぶまるが興味を示した家は平屋で、窓はすべて木製サッシ。ロフトスペースもある。ある意味、平屋って一番贅沢だよね。

「ぼくも平屋に住みたいなぁ。ねぇ、一回座りたいよ。うんこしたい。早く帰りたい♀」

今いくつか言った中で一番重要なのは？

「うんこ♪」

まいったなぁ。たぶん農家しかないよ、この道。次の農家でトイレ借りようか？

「やだよ♀」

野糞よりいいだろ。って、なんだ、なんだ。Pだって。駐車場だ。こんな何もないところに突然何かの駐車場の看板があるよ。

看板をよく見ると、オートリゾート八雲とかパークゴルフ場駐車場と書かれている。

やった。トイレがありそうだよ♀　八五〇メートル先にある『ふれあい館』に綺麗なトイレがあるんじゃないかな。しかも、そのまま国道五号線に出られるみたいだし♀

園内マップによると、ここから真っすぐ行くとトイレがあるし、二カ所目のトイレを左折したら国道五号線に出られるので、トイレを借りてそのまま国道に出る作戦なり。

「八五〇メートルって何分？」

分速七〇メートルで歩いたら一二分。このままこの道を歩いてもなんにもないから、おまえがトイレに寄らなくても、ここから国道に出るって決めたからね。行くぞ。

「いやだ♀　こっち行きたくない♀」

漏らすよりいいだろ。

「漏らす方がいい♀」

草を刈ってるおじさんが不思議そうにこっちを見てるだろ。うんこして国道に戻るぞ♀

愚図るぶぶまるをなんとか説得して、栗の木がいっぱい植えられた静かで平和な世界を歩き始めた。途中のトイレまで八五〇メートルもあるということは浜松小学校から歩いてきたこの道、知らぬ間に国道からどんどん離れていたようだ。急に焦ってきたよ。

「冒険広場だって♪」

あんなにいやがっていたのに、ぶぶまるのやつ、とっても楽しそうにしている。

一〇分少々でふれあい館と書かれた近代的な建物に着いた。ガラスの向うに自動販売機が三機も四機も見えている。間違いなくトイレは綺麗そうだ。よし、行こう、行こう。

「出るとは限らないから寄らなくてもいいよ」

自分の都合のいいところにトイレがあると思っちゃう都会病がまだ治ってないのか。自分の気持ちと関係なく、トイレがあるところではとりあえず尻を出せ！

「出ないからいいの！」

おまえがうんこしたいと言うから心配してたのに、なんなんだよ。

「今はしたくないの！」

今がどうかなんて世の中で一番瑣末（さまつ）なことなんだよ。このあとのためにしてきなさいと諭して、丸テーブルと椅子が何組か並ぶロビーでぶぶまるを待っていると、白い上下を着たおじさんが入ってきてここの若くて可愛いプリティスタッフと何やら話し始めた。

「何名ですか？」

「三九名です」

「三九名分はないですねぇ」

「えええっ！」

どうやらパークゴルフ用のクラブの無料貸し出しの件でもめているようだ。

別のおじさんが入ってきて「どうしたの？」「全員分ないって」「ええっ！」と騒いだ。

結局、この施設にあるクラブ三六本を全部貸し出すことで落ち着いたらしく、ぶぶまるがトイレに籠もっている間にロビーは三九名の男女＋スタッフたちでにぎわった。茶髪の若者も居るし、若いおねえちゃんも居る。なんの集団なんだろう。田舎臭さはない。

一方のおいらときたら、野暮ったく厚着をして、赤いマフラーを巻いて……、ううっ、超恥ずかしいよ。一秒でも早く立ち去りたいのにぶぶまるがトイレから出てこないぞ。

時間がもったいないので、ベテラン風のスタッフに、国道に出るにはここから何メートルぐらい歩けばいいのかを訊いてみると、まずは「歩いてですか⁉」と、驚かれた。

「そこのゲートをくぐって行ったら、国道のバス停まで一キロぐらいかなぁ」

徒歩なのでバス旅だと決めつけられたようだ。ゲートをくぐると近道。いい情報さ。

ちなみに今の人たちはなんの集まりですか？

「S建設の親睦会です」

なるほどね。札幌から来てたのか。と、ここで、ぶぶまるがトイレから出てきた。

クライマックス

一五時四九分。ふれあい館を出て国道五号線を目指す。

元気になったぶぶまるが、歩きながら、木彫り羆の発祥が八雲のわけがないという自説を熱く語り始めたけど無視。こういうおばかがトランプを支持するんだろうなぁ。

ピヨピヨピヨピヨピヨピヨ、ボォーボォーボォーボォー♪

「ねぇ、この道で大丈夫なの？」

大丈夫だって。確認したんだから。

ホォーホケキョ。ホォーホケキョ♪

一応アスファルトだけど、車が通った痕跡がない細い道を歩いて行く。

ウギョギョギョ、ギョエーッ⁉

「わーん、怖いよぉ」

大丈夫だって。ただの野鳥だよ。

「ギョエーッて鳴いたよ」

カー、カー、カー、カー。

「本当に道、あってるの？」

大丈夫……のはずだけど。

「草ぼーぼーでこれ以上行けないよ」

でも、ここを行くしかないみたい。

「草ぼーぼーで無理⁉」

わかったよ。おれが先に行って、草を踏み潰して道を作るから、お前はそこを歩いてこい。

あっ。車の音が聞こえてきた⁉

腰ほどの高さの草を足で踏み潰しながら歩いて行くと、怒りながらもぶぶまるがあとをついてきた。車の走行音が大きくなってきたぞ。忌忌しい騒音が懐かしく感じるよ。

やった、国道に出た！　草むら脱出！

「ひとりだけ出るなーっ！」と叫びながら、ぶぶまるも草むらを脱出してきた。

ギョエーッと野鳥が鳴くかわりに、ごおおおっと車が行き交っている。国道だ。

国道を南下するとすぐに手押し信号があった。右折したらハーベスター八雲の道なり。

どこにいるのかがすぐにわかったぞ。ちなみに、ハーベスター八雲はケンタッキーフライドチキンの直営店としてオープンした時、当時、北海道に五匹ぐらいしかいなかったコーギーが看板犬をしていて、コーギー見たさに来る人もいっぱい居たのだよ。今じゃ、コーギーくん、どこにでもいるけどね。

角に『そば処はままつ』という店がある。何度も通っている道なのに初めて気付いたよ。

おっ。温泉ホテル遊楽亭の看板もあるぞ。この先三〇〇メートルだって。ここはね……

「もう、やだぁ。歩きたくない！　ぼくはここに座っているから、あざらしくんひとりで行きなよ。どっか暖かいところに居たいよ。あったまりたい！」

わかったよ。じゃあ、遊楽亭の温泉に入って行こう。三〇〇メートルだったら、すぐだよ。五分もかからないから。風呂道具あるんだろ？

「バスタオル持ってきたよ」

準備がいいなぁ。よし入っていこう。遊楽亭は昔、木彫職人のぼろ小屋が隣にあって、羆を飼っていたんだよ。社長も面白い人で、三〇年ぐらい前に飛び込みで取材に行ったら、

「よくぞ、うちを取材しようと思ったね」って、すごい褒めてくれてさぁ……などと話しながら山越跨線橋を越えたら、ぶふまるの様子がまたおかしくなった。

「やっぱり、温泉に入るのやめる」

ええええっ。入ろうよ。時間ならあるよ。

「面倒臭くなった」「ひとりで入ればいいでしょ」「ぼくは入らない♀」

ごおおおおっ、ごおおおおっ、ばしゃああああっ、ばしゃああああっ。

「怖い……」

海の表情が変わった。海の色がさっきまでとは全然違うおどろおどろしい色になった。

「膝が抜ける」

だったら、温泉で休もうよ。

「休まないで歩く♀」

はいはい。なんだろう、心配すればするほどばかを見るシステムって。

ごおおおおっ、ごおおおおっ、うぃぃぃぃーん、ばしゃあああっ。

トラックが行き交い、オートバイが駆け抜け、消波ブロックに当たった波が砕けた。可愛いな。潮風にじっと耐えるカラスが丸くなっている。めちゃめちゃプリティだ。

「海がどろどろだね。どーしたの?」

川から濁流が流れてきたからだろう。どろどろなのは岸の近くだけで沖は綺麗だよ。

「眠い……」

またも会話不成立。あ、一台捕まった。パトカーに捕まる瞬間を見ちゃったよ。

このところちょっと

気が付くと国道の右にも左にも家がいっぱいある。

ぶぶまるを早く休ませてあげたいけど、遊楽亭はどこに行ったんだ。むむむ。待てよ。あと三〇〇メートルの看板、あの看板って、よく考えたら、北に向かう車からも、南に向かう車からも、どちらからも見える角度で立っていたぞ。つまり、あと三〇〇メートル長万部側にあったのに、函館側にあるように見えていたってことかぁ。騙されたよ。

ごおおおおおおっ、ごおおおおおおおおっ、ごおおおおおおおおっ。

つぶれたセブンイレブンと水産加工場がある。信号だ。山越信号。ってことは、ひょっとしたらひょっとして山越駅が近いんじゃないのかな?

カンカンカンカンカンと踏切の警報音が響いて、スーパー北斗がものすごい勢いで通り過ぎた。似合わないなぁ。通過するだけでも風景と似合わないよ、スーパー北斗。

学校だ。八雲町立山越小学校。創立明治六年だって。開校して一四〇年以上かぁ。

「あー、やってなかったー○。」

学校の並びにある八雲町特産品直売所は閉まっていた。ブルーシートで中が見えないようになっていて……、あれ、駅じゃないかな。直売所の南隣にある武家屋敷みたいな建物、の横に白い小屋が見えた。すぐ裏が線路だし、国道沿いに電話ボックスもあるし、間違いないよ。あの武家屋敷みたいな建物の隣の小屋が山越駅だよ。とりあえずゴールしよう。

と、ぶぶまると二四、早足で駆け寄ると逆だったさ。武家屋敷風の凝った建物が、まさかの駅で、白い建物がトイレだったよ。厠（かわや）と書いてある。

「クルワじゃないの？」

郭（くるわ）はないでしょ。厠だよ。そうか、山越には日本最北の関所があったから、関所を模した駅舎なんだ。松前藩の領地は道南のごく一部で、その最北がここだったのさ。つまり、徳川幕府が管轄していた日本の領土はここまで。この関所から北は国際法上、どの国にも属さないアイノモシリだったんだ。戊辰戦争（ぼしんせんそう）が終結した明治二年に北海道は日本に併合されて元薩摩藩の食い物にされてしまうのさ。戊辰戦争前は松前藩が幕府の目を盗んで山越内関所以北の蝦夷地も場所請負制度という違法制度で実行支配していたし、北海道は……

なんて話をもちろんぶぶまるは聞いていない。勝手に駅舎に入ってゴールしている。

右柱に山越内関所、左柱に山越駅と書かれた鳥居のような門をくぐって、ゴール♀。

時刻は一六時一八分。八雲駅から二時間五〇分かかったんだね。歩数は一万二九一五歩。立ち止まっている時間が多かったので、かかった時間ほど歩いていないってことか。

次の長万部行きは一七時一一分なので、あと一時間近くあるぞ。のんびり待つとする。

それにしても山越駅、関所風の外観も凝っているけど、駅舎内もかなりの凝りようだ。山越内関所の鳥瞰図やミニチュアで再現された集落の様子が展示されているのだよ。ちょっとした歴史資料館だ。四連椅子が向かい合わせで置いてあったり、時刻表が貼られているので駅舎だとわかるけど、函館本線では突出した風変わり駅だろうね。

ホームに出て驚いた。単線なのに相対式ホーム？

と思ったら、下り線は向かいのホームの向こう側を走っていた。

元は二番ホームと三番ホームに囲まれた島式ホームだったのに、中線が撤去されたため に歪(いびつ)になっちゃったんだろうね。ホーム上の木製電柱を支える斜めの支えのために駅名標が隠れている。こんなのも初めて見たよ。ＪＲ北海道は駅の補修が平均して雑だねぇ。

「パトカーが来た💭」

トイレから戻ってきたぶぶまるが、「水洗で綺麗だったよ」に続けてそう言った。先ほどスピード違反を捕まえたパトカーが山越駅前に駐まって次の獲物を狙っているらしい。

「隠れてやらないで堂々とやればいいのにね」

そしたら誰も捕まらないでしょ。っていうか、おまえがチョロチョロしてるから、パトカーのお巡りさん、国道じゃなくて、おまえの方を怪訝そうに見てるぞ。怖いなぁ。

時間があるので駅周辺を探索すべく、まずは国道を渡って海側の集落に向かう。

気になるのはノボリだ。駅の隣にある直売所は明らかに営業していない風情なのに、直売所の前に『毛がに』『たらこ』のノボリが立っているんよ。何日間もノボリをしまい忘れているとも思えないので、直売所の人件費を節約して、ふだんは閉めているけど、どこかに声をかけたら開けてくれるのではないだろうか、というおいらの勘は半分だけ当たった。

海側の集落に派手な山吹色の建物があったんだ。大きく安藤水産と書かれている。

「ごめんくださーい💭」

直売所と書かれたドアをガラガラッと開けて入ると、事務用の机がいくつも並んでいて、それぞれの机の上に電話や書類やパソコンが置いてある、いわゆる事務所だった。

「お店じゃなかった……」

入っちゃいけないところに入ってしまったと思ったんだろうね。ぶぶまるが慌てて出ようとすると、奥からおじさんが出てきて「こっち、こっち」とぶぶまるを引き留めた。続いて出てきた若い女性スタッフとバトンタッチしたので直売所はどこなのか訊いてみる。

「今はここでカタログを見て選んでもらって、冷凍庫から出してくる感じです」

駅の横の直売所はもう閉めちゃったんですか？

「二年前まではやっていたんですけど、高速道路が落部まで延びたら観光の人が全然通らなくなったんです。それまでは連休になると渋滞するぐらいだったんですよ」

観光客が少なくなっていつ買いにくるかわからない直売所にスタッフがひとり付きっきりなのは不経済ですもんね。こっちだと事務所と兼用だからその心配はいらないわけだ。

「そうなんですぅ♥」

と、女性スタッフと同時にぶぶまるも頷いている。いや、おまえは関係ないだろ。

カタログを見せてもらうと、イカ一夜干し三五〇円、たこ頭一〇〇グラム一〇〇〇円、タコザンギ四〇〇グラム六〇〇円、帆立甘露煮一〇～一二個一五〇〇円、噴火湾産ぼたん海老五〇〇グラム（四〇～五〇尾）一〇〇〇円などなど色々ある。

鮭トバとか乾き物はありますか？

「トバはあるんですけど、乾き物じゃなくて冷凍なんです」

冷凍かぁ。自分たちが求めているのは今宵、温泉宿の客室で、酒のつまみとして食すことができるものなのです、と正直に告げると、事情を察した女性スタッフは笑いながら、

「だとしたら、トバですね。あと、タコメンタイもあります」とカタログをめくった。

「それは白いご飯と一緒に食べたくなるやつだからいいよ。イカとかタコはないの？」

「イカの一夜干しは焼かないと食べれないです。タコの頭のゆがいたやつは解かしてから切って刺し身で食べる感じですね」

じゃあ、鮭トバをください。ひとつ……、いや、三つ。

六〇グラム（六切れ）四〇〇円の冷凍鮭トバを三つ注文すると、女性スタッフは国道の向こうにある冷凍庫に商品を取りに行った。そのかわり、というわけではないんだろうけど、動物のシルエット柄のデニムを履いた少年が出てきて事務所の椅子に座った。

訊くと小学三年生で、本当は山越小学校なんだけど、同学年の子がひとりも居ないので、八雲小学校に通っているのだと教えてくれた。

「えっ。山越小の方が小さいの？」

ぶぶまるが蒙昧（もうまい）な言葉を発したので「当たり前だろ〇」と諭すと、少年が笑った。

「どうして当たり前なの？」

街の大きさを見たら瞭然だろ。

「八雲小は六〇〇人ぐらい居て一学年に三クラスぐらいあるけど、山越小は全校で一一人か一二人しかいません」

ここからスクールバスで通っているの？

「スクールバスはないので従業員に送ってもらってます」

そうか。小学校が統廃合した町と違って、学校はあるけど学区外通学だからスクールバ

スは出てないのかぁ。なんて話をしていると鮭トバを持った女性スタッフが戻ってきた。

若いけど、この少年の母親なんだろうね。笑いながら、何を話しているのか訊いたので、学校の話だと答えると、今日通ってきた浜松小は全校児童三〇人ほどで、明日近くを通ると思われる落部小はその倍の六〇人ほどだと教えてくれた。

ちなみに、この山越駅周辺にはほかにお店とかありますか？

「全くないです(笑)」

笑顔で見送られて店を出ると、駅周辺探索は断念して、まだ三〇分ほどあるけど駅舎に戻った。駅前にはまだパトカーが隠れていて、こちらを見ている。見ないでおくれよ。

おいらが通過する貨物列車や一六時五六分の渡島砂原経由函館行きの普通列車を撮影している間、ぶぶまるは待合所の椅子で笑ったり寝たりしていた。

ちなみに函館行き普通列車はキハ四〇の一八〇三番で、山越駅の上りホームに一輌だけ停車している姿が実に絵になった。もうすぐ失われる風景さ。目に焼き付けておくよ。

キハ四〇の八三六番で八雲駅へ

一七時前にパトカーはいなくなっていた。彼らも地方公務員だからね。

ぶぶまるを起こして向かい側の下りホームに立つと冷たい風が吹き付けた。

ちゃんとした鉄道ファンには笑われるだろうけど、札幌人のおいらにとって、札幌方向に走る列車が下り線だということが、なんとなく納得できないものがあるのだよ。

線路は青函トンネルを通って内地とつながっていて、東京行きが上りだから、札幌から道南に向かう列車は上り線で、こうして道南の小さな駅から札幌方向に走るのが下り線だということは頭ではわかる。頭ではわかるんだけど、もし、北海道がひとつの独立国だとしたら、首都である札幌に向かう列車が上り線になるわけでしょ。道内で路線が完結している長距離バスはどうなっているのだろう。やはり札幌行きが下りなのだろうか。などと考えている間中、ぶぶまるが「あれを撮りなよ」「これを撮れよ」とどうでもいいものばかり撮影しろと指示するので適当にあしらっているとおなじみの構内アナウンスが流れた。

「まもなく列車が入ってきます。通路を横断しないでください。また、危険ですので、十分に下がってお待ちください」

カンカンカンカン……と、構内踏切の警報音が鳴って、しばらくしてから、こちらに向かって走ってくるヘッドライトがふたつ見えてきた。LEDと違って優しい光だ。目視できるようになってからホームに滑り込んでくるまでも時間がかかる。それが愛おしい。

キハ四〇の八三六番という車輌番号が見えたのと同時に誰も乗っていないのも見えた。

「普通列車長万部行きです。お降りの方は一番前のドアをご利用ください……」

お降りの方はいなかった。乗車したのはおいらとぶぶまるだけで、ブルーのボックスシートに一度腰を下ろしてから立ち上がって車内を見渡すと、ひとつだけ頭が見えた。

ういいいいいいいん、ういいいいいいいいん。エンジン音が心地好い。

「ねぇ、この道歩いた？」

シートに座っても何故かリュックを背負ったままで、パーカーのフードも被ったままの

ぶぶまるが窓の外の細い道を見ながら訊いてきた。

歩いてないよ。この辺は国道を歩いていたんじゃないかな。

「あっ、遊楽亭だ♀。あの家、『北の零年』で渡辺謙が住んでた家みたいだよ」

廃屋を指さしてぶぶまるが言うので驚いた。一緒に観に行く約束をしていたのに行かなかった映画だからだ。誰と観に行ったんだろう。気になるなぁ。

おまえ、観たの？

「観たよ」

長州狩りの場面が衝撃的だっただろ？

「そんな場面なかったよ」

あったよ。薩摩藩は戊辰戦争に勝つために宿敵長州と組んだのに、新撰組や榎本軍を倒して北海道を手に入れた瞬間に、今度は長州勢を殺し始めた、という衝撃的な場面。教科書には載ってない黒い歴史にぶったまげたよ。

「そんな場面あったかなぁ」

あったんだよ。薩摩支配というと沖縄を思い出すけど、戊辰戦争後の北海道も薩摩支配だったってことさ。実際、初代知事にあたる黒田清隆も薩摩人だしね。

そうだ。小松左京も書いていたけど、北海道は先住民迫害や武力による日本併合など不幸な始まり方をしているから、ずっと不幸なままだって。沖縄は沖縄の人が知事をしているけど北海道はずっと違うからなぁ。それを不幸と気づけないことが最大の不幸なのさ。

大丈夫。北海道ナショナリズムなんて標榜しないよ。むつかしいねぇ。

こたえは決まっている

「わぁーっ、人がいっぱい居るよ」

プシューッ。八雲駅では乗り込む人がいっぱい居た。人が乗り込み走り去るキハ四〇を撮影しながら見送っていたら、ぶぶまるが指をさして訊いてきた。

「ねぇ、あのひと、上にアレが付いてないけど、どうやって走ってるの？」

ええと、上のアレってパンタグラフのことかな。だとしたら、キハと付く列車はモーターで走る電車じゃなくて軽油で走る気動車だからアレは付いてないんだよ。ディーゼルエンジンで自走しているんだ。エンジンの普通列車がキハで、モーターの普通列車はモハ。

「みんなアレが付いてるんだと思ってたよ」

ほら、上から黒い煙を出しているだろ。あれが排気ガス。車と一緒だよ。というか、これだけ非電化区間を歩いて来て、今頃気付いたのかよ。遅いなぁ。

「いいの。鉄道なんて興味ないんだから💭　自分だって本当は興味ないくせに💭」

まぁね。と笑いながら跨線橋を渡っていると、うううっ。跨線橋の窓からのアングル、線路が六本とも見渡せて最高じゃないの。ああっ、ここから撮ればよかったぁ。と激しく後悔しているけど断じて撮り鉄ではないからね。と、階段を降りて改札を通ろうとしたら、一番ホームに列車が入ってくるというアナウンスが💭　ぶぶまる、ごめんよ💭

ぶぶまるを残して、今降りてきた階段を猛ダッシュで上がって、カメラを構えたら、入

ってきたのはスーパー北斗だった。がっかり。しかも、こいつ、上から見たら真っ黒なのだよ。色味がいいのは下から見上げた時だけなのだね。走り損だったよ。数十人の乗客が降りてホームをぞろぞろと歩く光景はなかなかよかったけどね。

二人分です。と、改札で四二〇円也を支払うと、なんと、ぶぶまるが外に居た。

「ああっ。ぼく、お金払わないで出てた」だって。悪いやつだなぁ。

どーいうこっちゃ！と怒る前に、ぶぶまるが居る場所に吹き出してしまった。

なんなの、それ？

「わかんない」

結構にぎわっている八雲駅に一カ所だけ異様な空間があるでないの。

ぶぶまるよりも大きい巨大な赤い頭だ。ふざけた表情をしている。顔から飛び出ている赤いものは鼻じゃなくてベロだった。近づいて見ても、結局なんなのかはわからなかったけど、これ、八雲山車行列の告知用に展示されている山車の一種らしい。

八雲山車行列。かなり興味が湧いてきたけど、一週間先なので見られないだろうなぁ。

車に乗り、今宵の宿へと向かう途中、ぶぶまるが昭和湯の前で「銭湯に入りたい。入るって約束してたのに💭」と暴れだした。

銭湯に入るとしたら歩き旅の途中でしょ。今日の宿も明日の宿も最高の温泉があるのに、わざわざ町中で塩素臭い銭湯に入るのは時間の無駄。と説得しても「やだー💭。入るー💭」と駄々をこねるので、じゃあ、最終日の日曜日に歩き終わったあとで銭湯に入ってから札幌に帰る、というプランで納得してくれた。

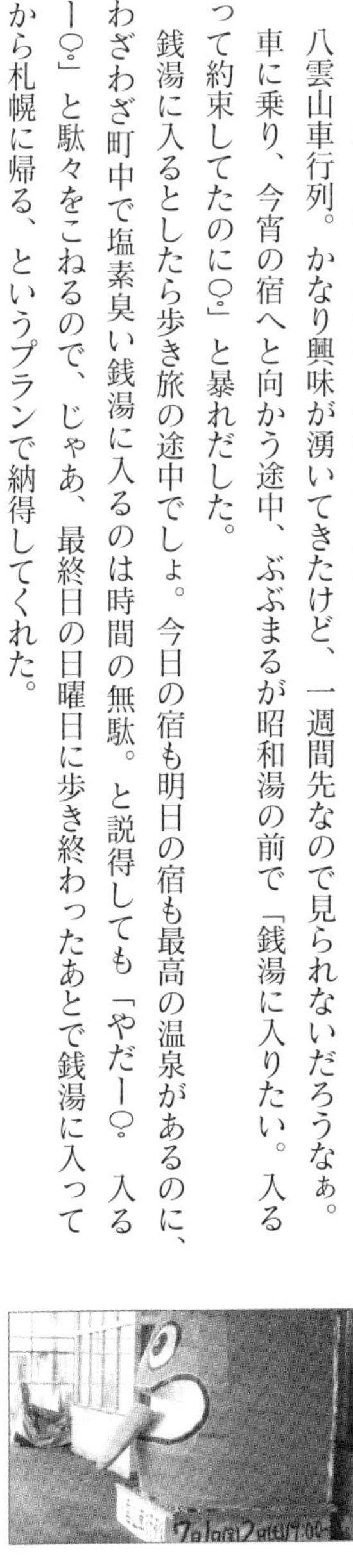

嘘じゃない証拠に日曜日の営業時間を確認してくるから待っていてよ。

車をUターンさせて、昭和湯の駐車場に入り、ぶぶまるを車に残して銭湯の受付に行くと、不思議な世界が広がっていた。一目で湯上がりとわかる人や、これから入るらしき人たちがいっぱい居て、猛ダッシュで入ってきたおいらを一斉に見つめたんだ。

すいません。日曜日に入りに来る予定なんですけど、何時から何時までですか？

「日曜日は三時から九時までです」と、受付のマダムが答えた。みんな見ている。

ちなみに、日曜日じゃないふだんの日は何時から何時までですか？

「ふだんは三時一〇分から九時までです」

三時一〇分!? ふだんは一〇分遅いんですね。と、おいらが言うと、そこに居たみんなが笑った。おいらも笑った。みんなこっちを見ている。ね、不思議な世界でしょ。

そんな寄り道をしたので、今宵の宿、おぼこ荘に到着したのは一八時ちょうどだった。

ぶぶまるの荷物がやたらと多いので、また、大量のビールを持ってきたのかと思って大きな鞄を持ち上げると、あれれ。拍子抜けするほど軽いぞ。

なに、これ？

「へへへへへ」

ぶぶまるはただ笑っているだけだ。変なやっちゃなぁ。

おぼこ荘に入ると、懐かしい顔が出迎えてくれたので思わず笑顔になったよ。

あはははは。成田さん、久しぶりです(笑)

「あはははは。あざらしさん、どーも(笑)」

沖縄出身です。と言ったら全員が信じるようなウチナンチュ顔をしている成田智さんとはもう長い付き合いだ。おぼこ荘が、まだ客室数わずか六室の町営湯宿だった時からの付き合いだからね。最初に泊まったのが、確か一九八九年だから、四半世紀以上の付き合いになる。支配人兼料理長として女将の三瓶悦子さんと二人三脚でぼろぼろの小さな湯宿を守っていたんだ。間欠泉が出たこともあったし、近くにミステリーサークルができたこともあった。二〇〇四年に民営化して、一泊二万円の特別室もある客室数一九室の宿に建て替えたあとも成田智さんは支配人のままで、現在は女将の三瓶悦子さんの息子の尚栽くんが料理長をしている。

「今日はプライベートですか?」

成田さんの目にはぶぶまるが可愛い女の子にでも見えたんだろうね。

仕事ですよ、仕事。それも苛酷な仕事の初日です。

「じゃあ、ゆっくり骨休めしてくださいね」

そこに若女将の真紀ちゃんが登場して、夕食は何時にするかと訊いてきた。確か札幌で美容師をしていた子だ。同じ雲石国道沿いにある見市温泉の若女将も元美容師だし、美容師は温泉宿の女将に向いているのかもしれない。

ぶぶまるに風呂と食事のどちらが先かを訊くと、「すぐにご飯がいい」と即答した。

「今からだと六時四五分に食事を準備できます」

それでお願いします。六時四五分だったら、部屋で一服したらすぐですね。

「えーっ、お風呂に入らないの?」

これには「どっちだよー💭」と真紀ちゃんも心の中で突っ込んだだろうね。ぶぶまるの職業が『一秒で前言を撤回して人を振り回す係』だと知らない人にとっては驚愕さ。

結局、ささっと温泉に入ってからすぐに食べられるように夕食は一九時でお願いした。

「釜飯が炊き上がるのに三〇分かかるんですけど、七時には炊けてる方がいいですか？」

これはいい質問だ。巷で言うところの釜飯問題ってやつだね。酒呑みにしてみたら最初から炭水化物が出てくるのは野暮だし、下戸にしてみたら釜飯が炊き上がるまではオカズだけをつまむことになるので地獄の待ち時間になる。だから、釜飯を出す宿はこうして事前に炊き上がり時間を確認することが必須なんだけど、それができていない宿が少なくないのだよ。こちらにはぶぶまるという酒呑みがいるので返事は決まっている。

食事開始の時に火をつけてください♪

純米吟醸とチャーリー・ブラウン

刺し身、たこの柔らか煮、ウドの酢味噌和え、海鮮茶わん蒸しなどなど。どう見てもビールと合わない和食膳なのに、ぶぶまるは中ジョッキの生ビールを呑んでいる。おいらはせっかくの食事との組み合わせを考えて冷酒と洒落込む。純米吟醸酒『今宵八雲』。八雲産ほしのゆめと兵庫県産山田錦を五五パーセントまで精米して八雲の地下水で作った一六度の日本酒で、これが、おぼこ荘の和食と実によく合うのだよ。地元の上野商店が発売している限定品とのこと。

一泊二食九〇〇〇〇円では申し訳ないほど美味しい食事のあと、結局、夕食前は部屋呑みをしてしまって入れなかった温泉へと急ぐ。

二本の井戸から湧出する源泉温度四七度と四四度の炭酸水素塩泉はどちらも一キログラム中の有効成分が三五〇〇ミリグラム前後もある濃厚泉で、もちろん、非循環、非塩素の『正しい温泉』なのでなかなか汗が引かないんよ。脱衣場にしばらく居たけど汗が引くのを待つのを断念して、ぶぶまるとふたり汗だくのままで部屋に戻ってごろんとした。

「ね、すごく肌触りがいいでしょ」

ぶぶまるの大きくて軽い荷物の正体はタオルケットだった。

温泉宿に泊まる旅にマイタオルケットを持ち歩く意味がよくわからないけど、ぶぶまるとチャーリー・ブラウンにとってはとても重要なことらしい。

何か特別な柔軟剤でも使ってるの？　ずいぶん柔らかいよ。

「肌触りをよくするために、ずーっと何年も洗ってないんだよ」

え。何年も洗ってないタオルケットを持ち歩いてるの？

「そうだよ。ほら、絶妙の柔らかさでしょ♪」

本物のチャーリー・ブラウンだ。専門家に診てもらったら、きっと何かの精神疾患に分類されるんだろうけど、精神疾患も個性も似たようなもんだから別に気にしないよ。

「鮭トバ、解けてるかな？」

そうだ。忘れていた。でも、おなかいっぱいだよね……って、食うのかよ。すごいな。神様。この他愛のない時間をどうか奪わないでおくれよ。お願いさ。

北海道の鉄道NEWSスクラップ その16 2019.02.18▶24

辛口だよ

JR北海道が特急、新幹線の車内販売を打ち切る

【二〇一九年二月一八日】JR北海道はこの日、道内全車輌での車内販売を年度内に打ち切ることを発表した。**スーパー北斗**などの在来線特急は二月二八日で、**北海道新幹線**は三月一五日で車内販売を終了する。二〇一六年三月に開業した**北海道新幹線**はたった三年で利用者向けのサービスを停止させることになった。

　車内販売の売上減少に悩んでいるのは全国のJR共通だけど、同じ新幹線でも東北の**はやぶさ**や**はやて**、同区間を運行する**こまち**、**つばさ**などでは販売品目を減らしながらも車内販売は継続するし、在来線特急でもJR東日本の**あずさ**、**ひたち**なども同様の措置で車内販売を継続することにしている。役員手当や幹部給与は丸々支払われているのだから本当はお金があるのに、ないフリをして、微々たる経費の車内販売をあっさりやめてしまうJR北海道の乗客軽視姿勢に島田社長の本性を見た気分さ。

函館本線で架線の不具合による特急運休が相次ぐ

【二〇一九年二月】一九日午前、**函館本線**の**豊沼駅**—**砂川駅**間を走行中の札幌発旭川行き**特急ライラック**に架線からの電気供給が遮断されるトラブルが起きた。

　JR北海道は問題は解消したとしながらも詳細な理由を調査するために同日午後に運行予定

桂川駅の近くを走るスーパー北斗

根室本線の折り返し駅、東鹿越駅

根室本線の不通区間にある落合駅

の特急ライラック二本を運休。約二五〇〇人に影響が出た。

翌二〇日の早朝も回送中の特急ライラックに架線からの電気供給が遮断される不具合が生じたため特急ライラック五本を運休。電化区間ならではの電気トラブルがビジネス客からの信用を落とすことにつながっている。

一部不通が続く根室本線の沿線首長が動き出した

【二〇一九年二月二二日】二〇一六年夏の台風被害以来、東鹿越駅～新得駅の不通が放置されたままで、富良野駅～新得駅がJR北海道単独維持困難路線としてバス転換が迫られている根室本線の滝川駅～新得駅について考える住民集会が南富良野町の保健センターで開催された。

主催は同区間の沿線七市町村などでつくる根室本線対策協議会で、参加者は住民ら一五〇人。対策協議会の会長である北猛俊富良野市長は地震で石勝線が運休したことを挙げ、「函館本線と接続する根室本線の滝川駅～東鹿越駅は運行を続けているので、こうした災害時に根室本線は札幌と十勝、道東を結ぶ代替路線になることが実証された」と述べるなど早期復旧、存続を望む姿勢を鮮明にした。ご立派。

留萌本線の命運をにぎるかもしれない新町長誕生

【二〇一九年二月二三日】一番抗わないと駄目な中西俊司留萌市長が積極廃止論者で積極的に存続を訴えているのは深川市長と沼田町長ぐらいの留萌本線沿線の自治体にこの日、新首長が誕生した。渋谷信人秩父別町長だ。前任の神薮町長が風見鶏的な一般論しか発しなかったことを反省してか「駅のない町にはしたくない」と存続派の立場を鮮明にしたので期待しますぜ、旦那。

今ごろやっと留萌市で市民向け説明会が開かれる

【二〇一九年二月二四日】その問題の留萌市で留萌本線が単独維持困難路線として挙げられてから初めてとなる市民向け説明会がこの日やっと開催された。市の主催で参加者は九〇人。参加者の話を聞いたところ、バス転換ありきの議論だったそうな。

留萌本線の秩父別駅は存続希望だ

留萌駅の鰊蕎麦もそろそろ食べ収め

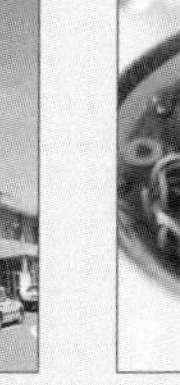
地元の薄情さに留萌駅が泣いている

23日目 山越駅から石倉駅まで

We can work it out

2016.06.25 sat

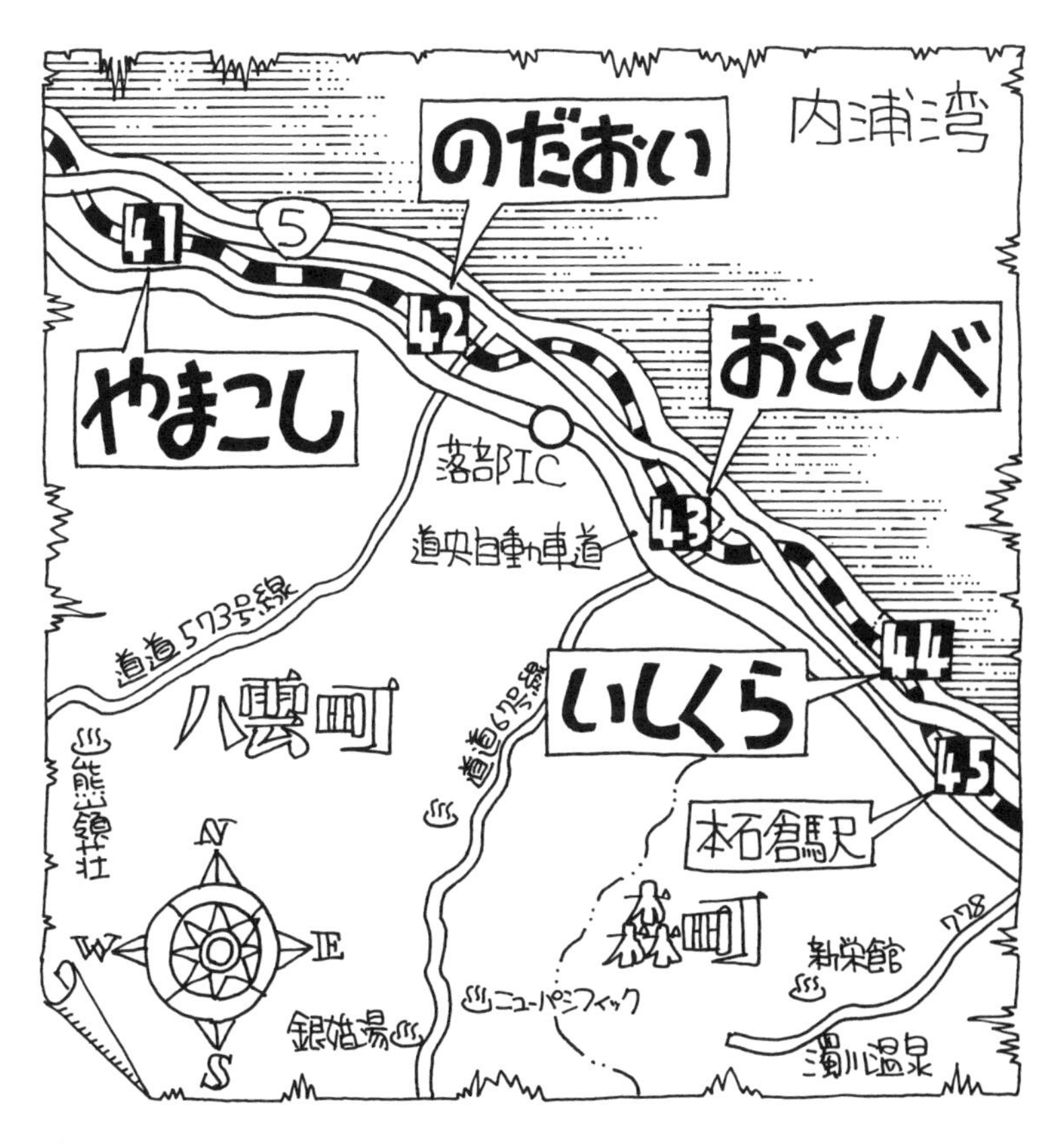

ドドーン、ピチピチ

日本中の温泉宿に物申したいことがある。

朝食会場の場所についてだ。客室から大浴場へと向かう道すがらに朝食会場があるのは勘弁願いたいのだよ。理由は以下の通り。

朝六時半起床予定。Dr．スランプのガッちゃんのように大口を開けて眠っているぶぶまるを叩き起こして、七時半には朝ごはんを食べたいから風呂に行くよ💭と誘っても全く返事をしない。どうやら徹底して無視し続ける様子なので、ひとりで風呂に行こうとしたら怒りだしたんよ。優しく話しかけても無視をするからひとりで行くの💭と言うと、「心で返事をしていたんだよ」だって。

ほほう。そーいうのアリなんだね。と合点して、そのあと、ぶぶまるが話しかけてきたことはすべて無視。ぶぶまるが「無視するなあーっ💭」と叫んだところで、心で返事をしていたんだよと答えたら、「意地悪ーっ💭もう知らない💭」と暴れだしたのさ。

隣の部屋に迷惑だから朝から叫ぶのはやめろと言ってもわめき続けるので、口を塞いだら手をかじるし、暴れ疲れたらふてくされるし、最終的には「ぼくはお風呂行かない」と宣言をして二度寝を始めたので、起こすのを断念。このくだらない騒動に小一時間も費やしてしまったことに朝から疲れ果てた顔でひとりトボトボと大浴場に向かって歩いている途中、既に朝食会場で楽しそうに朝食を食べている親子夫婦カップルたちにチラチラ見られることがいたたまれなかったからなのです。というのが理由なり。

湯上がりだってそうさ。髪も乾かさずに、どうでもいい湯上がり姿で至急部屋に戻って、ぶぶまるを起こしたり準備待ちの時間を利用して髪を乾かす方が効率的なんだけど、帰りも朝食会場で楽しそうにしている真っ当な人たちの視線にさらされると思ったら、髪ぐらい乾かさねば、と思ったりしてペースが乱されることこの上なしなのだよ。

ちなみに、おぼこ荘の朝風呂は最高でした。

ドドーンと岩風呂がひとつあるだけの素朴な風情も落ち着くし、炭酸がピチピチはじける泉質もたまらない。壁一面の大きな窓から見える雨に濡れた緑が美しいのなんのって。

なのに八時までに部屋に戻らないと朝食時間にまにあわないので、七時半から二〇分ほどしか入れなかったのだよ。暴れ豚のせいで。

はぁ、もったいない。もっとゆっくり入りたかったよ。

そうつぶやきながら、朝食会場の前を通ってトボトボと部屋に戻ると、吉田類の本を読んでいたぶぶまるがにらみつけてきた。

「裏切り者め」

おまえこそ裏切り者だろ。そんな本を読みやがって。だいたい風呂に行かないって……

「すっごいオトコが居たもんだ～♪」

都合が悪くなると脈絡なく唄い始めるんだよね、この人。

慌てて朝食会場に行くと、ほぼ満席だった。人気の宿だったんだね。安心したよ。

ぶぶまるは「お米が美味しい♪」を連呼して、すぐにおかわりをした。

「ないよね……。ないない」

それは絶対に無理だろうと思われるほどの山盛り二杯目をペロリとたいらげたあとで、「ないない」と独りごとを言い始めた。三杯目を食べるかどうかで逡巡しているらしい。

「だって、いつ食べられるかわからないんでしょ」

そう言うと、三杯目をよそって、こう言い放った。

「お櫃(ひつ)が悪いんだよ。お櫃につられたの。」

もちろん、この数分間、こちらは何もしゃべっていない。お櫃のせいにするなよ、とも言っていない。優しく微笑みながら周囲を見渡すと、大浴場同様、食事会場からの朝の窓景も素晴らしくて癒された。雨なのに、いや、雨だからこその鮮やかな緑がまばゆい。そういえば部屋の窓景もよかったなぁ。護岸工事されていない川が眼下を流れていて、川の向こうはすぐ緑の山。養老牛温泉の湯宿だいいちとよく似た風情だ。

朝食会場内には木彫りの熊のほかにロードクロサイトと書かれた大小の鉱物も展示されている。最近、地質に超詳しい（京都大学で教授をしている）友人ができた関係で、鉱物を見ると胸がキュンとなるんだけど、浅学ゆえキュンより先が特にないのが哀しい。

ぶぶまるは「苦しい」とうめきながらも、おいらの鮭の皮を奪って三杯目をたいらげた。

二六歳

チェックアウトの準備中、ぶぶまるが「喉が痛い」と言うので、風邪薬を差し出すと、

「いらない！」と叩き返された。

昨日は雨に当たったし、風邪でもひいたら大変だから飲めよ。喉が痛いんだろ。

「痛くない！ 喉が痛いなんて言ってない！」

優しくするほどいやな気持ちにさせられるシステム、が稼働したようだね。決めたよ。

今日は絶対に優しくしないって。これ以上いやな気持ちになりたくないもの。

予定より二〇分ほど遅れて九時二五分にやっとチェックアウトした。

雨模様なのに支配人の成田さんが外に出て見送ってくれたよ。成田さんはこの界隈の温泉宿の若旦那たちにとって頼れる兄貴分なんだ。みんなのことをよろしく頼んで、九時半に宿を発つと雨の降り方が激しくなった。晴れ男も雨豚の負のパワーには勝てないぜ。

ぶぶまるが「長靴を買ってくれないと歩かない」と脅すので、宿を出るのが遅くなった上に長靴を買う時間もプラスされることになった。歩き始める時間が遅れる一方だなぁ。

「決めました。ぼくは八月にベトナムに行ってきますから」

木彫り熊の発祥の地が八雲のわけがない！と今日になってもまだ持論を開陳し続けていたぶぶまるが、突然、そんなことを言い始めた。海外旅行どころか、国内だってディズニーリゾートかＵＳＪぐらいしか行ったことがないのに、突然のベトナム宣言である。

ふーん。誰と行くの？

「ひとりだよ。どうせ、あざらしくんは一緒に行ってくれないんでしょ」

おいおい、二四時間前には別れる、もう二度と会わないと啖呵を切っていたのに、なんで一緒にベトナムに行かないと駄目なんだよ、とは言わなかったけどね。

八雲のプロノでぶぶまるの長靴を買ったので、本日のスタート地点である山越駅に到着したのは一〇時二〇分だった。

大雨注意報が出るほどの土砂降りだからだろう。今日はパトカーの姿がない。この雨だと誰もスピードを出さないだろうし、オービスも不正確になるのかもね。

駅舎の中でカッパを着て、土砂降り用にしっかりと装備を整えてから歩き始めようと思って、小走りで車から駅舎に飛び込むと、先客が居た。ひとりの青年だ。

短めのこざっぱりとした髪型で中肉中背。品のいい、だけどちょっと時代遅れな模様のグレーのセーターを着て、白い星型が大量に散りばめられたダメージデニムを履いている。つまり、若者らしい服装をした清潔な青年が居て、真っ白い歯を光らせて笑ったので、ぶぶまるがもじもじと照れた。さっきまでの大暴れが嘘のように無口になっている。

彼はカタコトの日本語で、札幌まではいくらかかるかと訊いてきた。そう、青年は日本人じゃない。骨格がしっかりとしたモンゴロイド系の顔はおそらくベトナム人だ。

運賃表を見ると下りは長万部駅までしか載っていないので、「たぶん、五〇〇〇円ぐらいじゃないかな。汽車は結構高いよ」と言うと、青年はその額に驚いていた。

これから札幌に居る友人に会いに行くと言うけど、それはきっと半分嘘だろうね。だって、青年は荷物をひとつも持っていないんだもの。財布さえ持っていない様子だ。ジーパンの前ポケットからフサフサしたストラップが見えているので、携帯電話は持っているのかもしれないけど、お金は折り畳んだ一万円札を数枚裸でポケットにねじこんでいるか、もしくは全く持っていないかのどちらかだと思うよ。

おいらと青年がそんな会話をしている間、ぶぶまるは会話には全く参加せずにひとりでカッパに着替えていた。白いパーカーの上に黄色いカッパを着て、室内なのにカッパのフードをすっぽりかぶって、あごが隠れるぐらいピッチリとボタンを止めた。可愛いぞ。

おいらも慌ててリュックからカッパを出した。「この穴はなんだろう」「紐が一本余っちゃったよ」「おれも紐が余っちゃった」「なんだろうね」などと騒いでいるオバカなふたりの様子を見ていた青年が、「旅行デスカ?」と正しい日本語で訊いてきたんだ。

旅行です、と答えて笑うと、青年も笑った。白い歯が健康的だ。

「スミマセン。ベトナムニ旅行デ行ッタコトハアリマスカ?」

運賃の話をしている時は日本語がたどたどしかったけど、こういう定形質問は流暢なんだね。ちゃんとした日本語教育を受けてきた証だよ。

ごめんなさい。ないです。と、おいらが答えると、

「ナイデスカー、モッタイナイデスネー💭」とオーバーゼスチャーで言った。きっと、このやりとりは何度もしてきたんだろうね。最後に力強くこう付け加えた。

「ベトナムハ、トテモ綺麗デス💭」

とても綺麗?

「そうなんだよ。とっても綺麗なんだよ。だから、行こうと思っているんだよ」

ぶぶまるが加わった。そうだった。こいつ、三〇分ぐらい前に、八月になったらベトナムに行ってくると宣言していたんだ。なんという偶然だよ。すごいな、ぶぶまる。

ベトナムのどこですか?　ホーチミン?　と、おいらが訊くと「メアン」と答えた。

メアン？　メアンはハノイと近い？

質問が通じたのだろうか。彼は指で壁にベトナムの形を書くと、「ハノイ、メアン、ホーチミン」と指を指して位置関係を教えてくれた。

「メアンの近くにビーチが綺麗なところある？」

「？？？」

ぶぶまるの質問が青年には全くわからなかったらしい。単純な日本語で質問してみる。

海、綺麗？

「海💭　海キレイ💭　バル💭」

最後のバルは地名かな？

「マル？」

ぶぶまるにはマルと聞こえたようだけど、バルだと思うな。

帰ってから調べたら、メアンという地名はなかった。海岸線だとしたらゲアン省のことかもしれない。バルだかマルだかはよくわからなかったよ。小さな町の名前なのかな。

どうして何も持ってないの？

今までどこに居たの？

何をしたくて、どこに行くの？

本当はそんなことを訊きたかったはずなのに、笑い合っているうちに長万部行きの普通列車が到着する時間が迫っていた。

あと三分で汽車が来るよ。と、おいらが言うと、青年の表情が一瞬こわばった。

見送るよ。ねぇ、荷物は？

「ナイ」

「えーっ、ないのー？」

ぶぶまるが大袈裟に驚くと、青年はきゃははと笑って、「ナイーッ⁉」と言った。

札幌のどこに泊まるの？

「トモダチ」

ピンポーン。「まもなく列車が入ってきます。通路を横断しないでください」というアナウンスが流れたので、青年と一緒に慌ててホームに出ると函館方面行きの貨物列車が通過した。迷惑な時間に通るなぁ。こいつが通過し終わったら、すぐに反対側のホームに渡らないと汽車が来てしまうよ。跨線橋がなくて線路上を渡らないと駄目な駅の場合は下り列車到着の三分前からは貨物を通過させないでほしい。

ねぇ、齢はいくつ？

「？？？」

ハウ・オールド・アー・ユー？

「？？？」

英語は通じないのかぁ。えーと、年齢は？

「ニジュウロクサイ」

二六歳。

貨物列車が通過し終わって、構内踏切が開いた。

またすぐに踏切が閉まるので、急いで反対側のホームに渡るように青年に告げると、急がないと駄目なことが通じたらしく、慌てて下りホームに走ったのと同時にカンカンカンと警報音が鳴り響いた。ギリギリセーフだよ。

キハ四〇の一八〇三番が下りホームにゆっくりと滑り込んできた。もちろん一輌だ。

「バイバーイ💭」

ぶぶまるが手を振ると、青年は乗車前に一度だけこちらを振り向いて笑った。そのあとは整理券を取らないことを乗務員に注意されていたように見えた。大丈夫だろうか。整理券を取るところまで付き添ってあげたらよかったのに、薄情だよなぁ、おれ。

青年を乗せたキハ四〇が見えなくなるまで見送りながら、真っ先に名前を教えてもらうべきだったと激しく後悔した。車の中の傘を貸してあげればよかったとも後悔した。なんだったら少しお金を貸してあげるべきだったのかもとも後悔した。後悔だらけだよ。

「なんで、こんなところに居たんだろうね」

実のところはほとんど興味がないという顔でぶぶまるが笑っていた。

変な声が聴こえてきたよ

一〇時四〇分、山越駅を歩き始める。予定より四〇分遅れなり。

国道五号線を南に向かって歩き始めたのと同時に雨が止んだけど、また降り出すかもしれないのでカッパを着たまま歩くことにする。

国道の左側（西側）には家が一列だけ並んでいて、そのすぐ後ろが海だ。波が高くて、荒れに荒れている。自然が苦手なぶぶまるが必要以上に怖がる。

「もういやだ💧」

何が？

「全部💧」

歩きだして一分で、ぶぶまるのオハコが出た。

「言っとくけど、ぼくは歩きたくて歩いてるわけじゃないんだからね💧」

カッパのフードの穴から小さく顔を出して怒っても迫力に欠けるよ。

もう雨は上がったんだから、フードをかぶらなくても大丈夫だよ。

「やだーっ。寒いもん。寒いから歩きたくないのに……」

今度は歩きながら泣き出した。「歩きたくない」と小声で繰り返しながら泣いている。

そして泣きながら唄い始めた。

「うぅさぁぎぃ～おおぉ～いしぃ～かぁのぉやぁまぁ～♪」

シュールだ。泣きながら唄うふるさと。なんだかしらないけど可愛いぞ。

「ここ、一緒に唄ってよぉ♪」

サビの「わぁすぅれぇ～がぁ～たきぃ～ふぅるぅさぁとぉ～」を一緒に唄えと催促されたので、一緒に唄いながら歩く。ますますシュールな光景だ。

しゃあああああっ、しゃあああああっ、と、水しぶきを撥ねながら車が往来している。

ん？　なんだこれは？　井戸だ。

会所の井戸、と説明看板には書かれている。

松前藩は徳川幕府を欺くようにして場所請負制度に執着したことが徒（あだ）となり、領地は寛政一一年（一七九九年）に幕府直轄地とされ、翌年には幕府直轄の会所が設置された。さらに翌年の享和元年（一八〇一年）には亀田にあった関所がここに移設され、この地が和人居住地の最北端となったので、その時の井戸を復元して展示してあるんですと。

北海道の歴史って勘違いされていて、クルリ諸島に島がいくつあるのかも知らない大人たちが「返せ北方領土」などと思考停止の末に叫んでいるけど、この看板に書いてある通り、日本の領土の最北端が山越内関所であって、ここから北は蝦夷地、すなわち蝦夷（えみし）の領地であって、ほんの二〇〇年前までは和人もロシア人も一人も住んでいなかったのだよ。

なので、もし、日本人が「返せ北方領土」と言うことが許されるのなら、明治維新のどさくさで日本人にクルリ諸島を奪われた先住民たちが「返せクルリ諸島」と言うことも同時に許さないと主張に整合性がないんじゃないの？ってマダムは思わないかい？

別に賛同しなくてもいいよ。おいらの北海道ナショナリズムは異端だからね。

「すごーい♀」

あ、見たら駄目だよ……♀

「だって、すごいよ♪」

だから見たら駄目だってば♀

「津波じゃないの？　こっちに来ない？」

津波じゃなくて、ただの大波だから、こっちには絶対こないよ。

「怖いよぉ……」

　だから見たら駄目って言ったのに。おまえは自然が苦手なんだからさ……って、ん？　なんだ、こりゃ！

　関所風の駅舎と会所の井戸だけでも驚いたのに、もっとすごいものがあるよ。夜泣き石、だって。怖いなぁ。

　えっと、ここに関所が設けられていた時、関所破りの罪人が処刑される前に腰を掛けていた石で、夜中になるとこの石の下から、しくしくと泣く声が聴こえてきたって……、れれれ。ぶぶまるは全く怖がっていないぞ。数秒で興味を失って、すぐ横にある神社の狛犬に夢中になっている。

「あざらしくん、見て見てーっ。この狛犬の顔、変わってるよ♀」

　ごめん、ここからだとよく見えないよ。あ、汽車が来た。ん？　んんん？

うむむむ♀。鳥居の奥に古い跨線橋があるぞよ♀。
会所の井戸からも、夜泣き石からも見えていたはずなのに、どうして、今まで跨線橋に気が付かなかったのかな。って、ああ、バカだ、おれ。眼鏡をしないで歩いていたよ。車に忘れてしまったんだ。どうりですぐ近くに行くまで何も見えなかったわけだよ。

ぶぶまるに罵倒されながら眼鏡を取りに戻ると、急ぎ足で三分ほどで車に着いた。随分歩いた気がしていたけど、たいして歩いてなかったんだね。

戻り道はクリアだ。いろいろ見えるぞ。たとえば、山越駅前のバス待合所の近くに赤松の街路樹が残っていることに気付いた。かつて函館に向かう国道五号線といえば、国道とは思えない狭い道の両側を埋め尽くす赤松並木が特徴だったんだよね。その名残なり。

往復六分ほどの間に陽が射してきた。雨はすっかり上がっている。

「変な声が聞こえてきたよ」

夜泣き石の前でぶぶまるが震えながら待っていた。なんでこんなところで待ってるんだよ。こいつはふてぶてしいようで気持ちが弱いから憑依（ひょうい）されたらおおごとだなぁ。

ちょうどすぐ横に神社があるからいろいろ払ってから行くとしよう。

イノセント

郷社諏訪神社と石柱に書かれている。全国に二万五〇〇〇社ある諏訪神社のひとつだ。国道沿いに建つ鳥居から線路に向かって舗装された細い参道が続いている。参道の先に

本殿が見えているけど、あああっ!? なんというタイミング。本殿の前を特急北斗が通過したぞ。ということは、本殿は線路の向こうにあるのかぁ。ということは……!?

やっぱり、そうだ。さっきから見えていた跨線橋、線路の向こう側には家一軒見当たらないので、なんのためにあるんだろうと思っていたけど、そういうことか。諏訪神社の本殿に行くためだけの跨線橋だったんだね。びっくりしたよ。

ぶぶまると一緒に鳥居で一礼して、参道を歩いて行くと、真っ正面にある線路は背の高い鉄柵で侵入できないようになっていた。

『線路に入っては危険です。長万部保線区長』という文字と、両手を上げて線路を走る子供のイラストが描かれた注意看板が掲げられている。線路上を走っている子供の絵が妙に楽しそうだったりしてね。

鉄柵の向こうに見える本殿は赤いトタン屋根の古い木造社殿で、正面には賽銭箱も置かれているし、賽銭箱の上には鈴も見える。風化具合から歴史を感じさせる狛犬も鎮座しているけど社殿は全体的にどこか寂しそうだ。訪れる人が少ないんだろうね。

待っててよ、今行くからね、と、参道突き当たりの左側にある跨線橋の階段を上ろうとしたら、無口になっていたぶぶまるが力強く袖を引っ張った。

「やめなよ。だめなんだよ」

跨線橋に貼られた注意書きを気にしているらしい。世の中のルールを破るだけ破いて生きているくせに、びびり症で気が小さいのだよ、この子豚は。

「調査、点検のために通行禁止、八雲町、って書いてあるよ」

本当に危険だったらロープを張ったりして通れなくするだろ。何か事故が起きた時に町が責任を回避するために貼られているんだよ。おまえが行かないなら、おれだけ行くぞ。

「ぼくは行かないよ。早く帰って来てね」

本殿を前にして怖じけづくなんて罰当たりなやっちゃなぁ。

コツコツと鉄製の跨線橋を上って行くと、山越駅の構内が鳥瞰（ちょうかん）で見て取れた。なるほど、下りホームが元は島式で中線が撤去されたであろうことがよくわかるぞ。振り返ると海も見えるし、実にいい風景なり。最高のキハ四〇撮影ポイントだ。

階段を降りて行くとすぐに本殿があった。本当にこの本殿に行くためだけの跨線橋なんだね。八雲町もそのためだけに維持管理していくのは大変だと思うよ。本殿を線路の手前に移築するのが現実的だと思うけど、氏子も減っているだろうしそうもいかないのかな。

ん？　おじいちゃん？

雨戸の隙間からこちらを見る小柄な翁の姿が見えた気がしたけど、錯覚だったんだろうか。目を凝らすと雨戸はしっかりと閉ざされていて、翁の姿などどこにもなかった。

深々と一礼すると、ぶぶまるの「早く帰ってきてー◎。」という声が聞こえてきた。

どうかぶぶまるのイノセントを守ってください。思わず、そう願ってしまったよ。

それが一番の悲劇だよ

惜しいなぁ。

「惜しいね」

ぶぶまるも同じことを思ったようだ。

国道へと戻る参道の景色が実にいいんだ。一面の緑の中を鳥居に向かって真っすぐに続く参道があって、参道の両側には松の木と石の燈籠。そして、鳥居の向こう側は海◯。水平線が鳥居の遥か上にあって、地平線の上は海と空だけ◯。

だったら最高なんだけど、ちょうど鳥居と被さるようにして家が一軒建っているのだよ。もちろん、この家の住人にはなんの罪もないんだけど、風景的には邪魔だ。あの家がなかったら鳥居の背景は海だけになって、鳥肌が立つほど美しい風景だっただろうね。

「どうして貝が落ちてるの？」

参道に落ちている貝殻を拾って、黄色いカッパ姿のぶぶまるがこちらを見た。目が真ん丸だ。雨上がりの陽光が黒い瞳で輝いた。

海鳥がくわえてくるからでしょ。それよりも雨が止んだからカッパのフードは脱ぎ……

「行けない神社なんだね」

いやいや、行けるでしょ。おれ、行ってきたし。

「フツーの家に山越諏訪神社社務所って書いてあるよ◯」

人の話を聞かないぶぶまるが鳥居の横に建つ古い民家に掲げられた看板を読み上げた。

看板がそんなに古くないぞ。ってことはこの神社を守っている人たちが今でも居るってことか。安心したよ。あの翁、寂しそうだったからね。

「晴れたね」と、ぶぶまるが笑った。

国道を南に歩いて行くと、右手に三角屋根の建物が見えてきた。

山越郵便局かぁ。可愛い郵便局だな。って、ここ、来たことがあるぞ。作家の亀和田武さんと函館から道東にかけて男ふたり旅をした時に立ち寄った郵便局だ。亀和田さんは訪問した郵便局の数だけ貯金する郵便局貯金にはまっているので、旅の途中で郵便局を見つけたら立ち寄ることにしているのさ。

ちなみに、亀和田さん、山越郵便局では六〇八円貯金していたので六〇八局目ということなり。すごいよね。でも、一〇代の時から憧れていた作家と一緒にあちこち旅をご一緒させてもらっている、という事実がおいらにとっては一番すごいんだけどね。

「ATMがあるよ。お金おろしなよ」

おろさないよ。そもそも、おれ、郵便局のカードって持ってないし。

「ぼくも持ってないよ」

なんだよ、それ。

「この家、人が住んでないよ。ぼくは、ただでも要らないけどさ」

郵便局への興味はすぐに失せたようだ。今度は近くの空き家に興味を示している。

この家、目の前が海だから、おまえなんて怖くて住めないだろ。

「あーっ、大きい犬だ♪」

全く会話が成立しないや。玄関のドアノブに短いリードでつながれた秋田犬が情けない表情でこちらを見ている。そんな顔で見ないでおくれよ。旅人は無力なんだ。誰か、犬を短いリードにつなぐ行為は虐待なんだと書いた回覧板を回しておくれよ、プリーズ♀。

裏道が全くないので、国道五号線をひたすら歩く。磯の匂いが濃くなってきた。漁港が近いらしい。漁師の作業小屋の前には大量のカラフルな浮き球が積まれている。長靴がうれしいのかな。ぶぶまるはわざとに水溜りの中を歩いている。子供かっ。

踏切だ。踏切の向こうに寺がある。円融寺。大きくはないけど、いいたたずまいをした寺だ。そうか。さっきの諏訪神社は踏切さえあったら跨線橋の老朽化に悩まされずに済んだんだ。でも、ＪＲ北海道は駅の廃止と同時に踏切廃止も着々と進めているからなぁ。

「なんか居るよ」

自転車？　オートバイ？　白い二本線が入った赤いカッパを着たゴリラか何かがオートバイに乗っている人形が四角い台の上に展示されている。

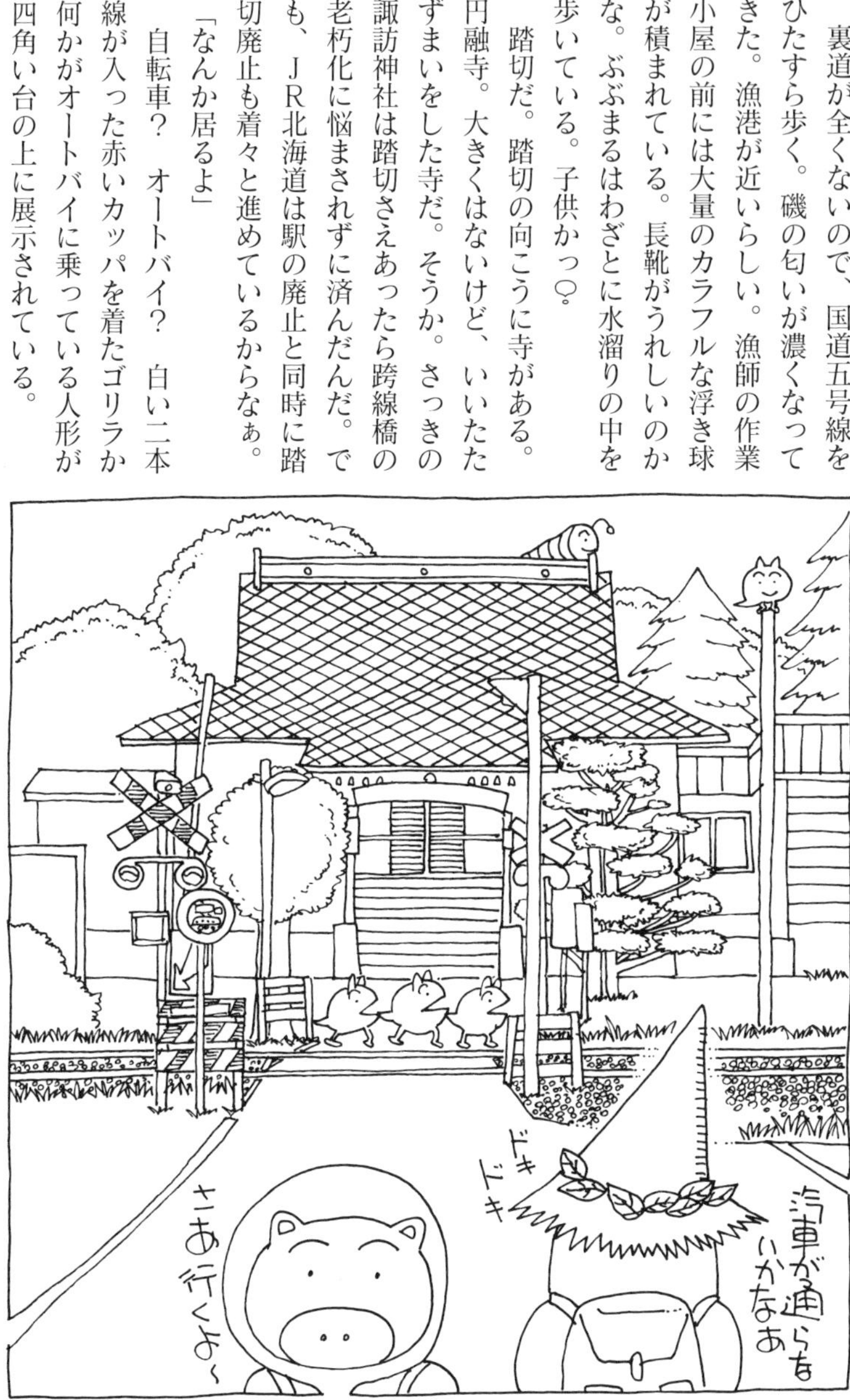

台には『ゆっくり走ろう』と書かれているので交通安全の啓発なんだろうけど、効果は全くないみたいだ。土曜日だというのに大型車がガンガン走っている。路面はまだ濡れているので、しゃあああああっ、しゃああああああっという音が響いているよ。

おっ、アンパンマンだ。浮き球を雪だるま状にふたつ積んでアンパンマンのペイントをして玄関に飾る、という光景を日本中の漁村で見かけるけど、やなせたかしさんはその事実を知っていたのだろうか。あと、ドラえもんもね。

「丸い形だから限られるんだよ」

ぶぶまるがつまらない正論を口にしたところで、「こんにちは♪」と小学生が挨拶をして通り過ぎていった。田舎の小学生の目には謎の大人に見えただろうなぁ。

「膝が痛い💭 膝が痛い💭」

わかったよ。じゃあ、そこの『山越中央』と書かれたバス待合所で少し休もう。

「いやっ💭 休まない💭」

心配すると反発するという御家芸だ。大きなカモメが背後からついてきている。また風が強くなってきた。天気が崩れるのかな。ぶぶまるは口笛を吹いている。曲は不明。

ぶぶまるの「ドラえもん💭」と、おいらの「犬💭」が同時だった。

ぶぶまるは大きな家の玄関に飾られた浮き球のドラえもんを発見して、おいらはその大きな家の横のトウキビ畑の中につながれている茶色い雑種犬を発見した次第。

またしてもリードが短いよ。こっちを見て「遊んで、遊んで」と吠えている。どうして田舎の犬はこんなにも短い紐につながれているんだろう。これが虐待だという意識が全く

ないからか。ふぅ。つまり飼い主は無自覚で虐待しているのか。それが一番の悲劇だよ。

Outsider武四郎

境橋。

車で国道を走っていたら確実に見逃すであろう小さな橋のたもとに、忘れてはいけない歴史が刻まれた標柱が立っているのを見つけてしまった。

蝦夷地・和人地の境跡。

こんなところに江戸時代の国境を示す標柱があるなんて知らなかったよ。マダムだって知らなかっただろ。歴史の授業は松浦武四郎が北海道と命名したとか嘘ばかり教えるくせに肝心なことは何も教えてくれなかったからね。

「ぼくは和人だからこっちだ」

ぶぶまるが標柱の北側にポーンと跳びはねた。

逆だよ。そっちは蝦夷地。松前藩は南側だよ。

「和人はここからそっちに行っちゃだめってこと?」

そう。江戸時代までの蝦夷地は国際法上、どの国にも属していなかったので、松前藩の領地外に和人が行くことは徳川幕府がきつく禁じていたんだ。だから、さっきの夜泣き石みたいに法度破りは処刑されたんだよ。

「じゃあ、ここから北に日本人は居なかったってこと?」

ところが居たのさ。この地にも遊楽部場所の場所請負人が暮らしていて、アンフェアトレードなどなどアイノを不当に扱っていたからね。

　そうした不当な交易で搾取した品々が北前船として内地に送られて、松前藩に巨額の富をもたらしていたので、松前藩は場所請負制度という特例既得権を絶対に手放そうとしなかったし、そのために多くのアイノが苦しめられ、一揆封じに農具さえも奪われたんだけど、その様子を克明に記録して、命の危険を顧みず世に暴いたのが松浦武四郎なんだよ。

「ああ、スイッチが入っちゃったよ、この人。長くなりそうだなぁ……」

　松前藩の刺客に命を狙われても蝦夷地の現実を世に知らしめたことと、場所請負制度を撤廃すべく幕府や明治政府を相手に奔走したことが武四郎の最大の功績なのに、冒険家だの、名付け親だの、くだらない評価で貶められてばかりで気の毒だよ、武四郎アニキ。

「終わった?」

　何百回も車で通っているけど、この標柱に気付いたことは一度もなかったよ。歩き旅ってすごいな。ぶぶまるが何か唄っているけど風の音と車の音で耳まで届かない。

　左側しか歩道がなくなったので、押しボタン式の信号で国道を渡って海側にシフトすると、カンカンカンと踏切の警報音が聴こえてきた。見ると、踏切を渡ってすぐの場所に家が一軒建っている。何が来るかな。カンカンカンと警報音が続いているけど、なかなか汽車が来ない。やっと札幌行きの貨物列車が通過したけど、これが長いのなんのって。

　あの家で暮らしている人は踏切の警報音や貨物列車の走行音に慣れてしまったのかな。

　そろそろ一一時半だ。野田生駅に到着しているはずの時間に、おいらたちはどこに居る

かというと稲荷神社の前に居た。上が弓状になっている立派な赤い鳥居の稲荷神社だ。
境内は砂利敷きで、鳥居と本殿の間には石の燈籠とオキツネ様の狛犬が左右に鎮座している。左のオキツネ様が巻物をくわえているぞ。そんなに古くない彫刻のようだ。

「シンメイダイイナリ……」

ぶぶまる、それは右から読むんだよ。

正一位稲荷大明神。古い看板なので横組だけど右から読むんだね。

先ほどの諏訪神社は雨戸で閉ざされて社殿の中はちらりとも見られなかったけど、こちらの稲荷神社は戸口が格子状のサッシにリフォームしてあるので、社殿の中がよく見えるぞ。明るくて清潔で、よく手入れされていることが見て取れた。

「あざらしくん♡。あざらしくんの好きな武四郎が居るよ♡。」

おいらが手を合わせている間、信心とは無縁のぶぶまるは境内の物色を始めていたらしく、八雲町教育委員会が設置した説明看板を見つけて大声で読み始めた。

「稲荷神社と松浦武四郎って書いてあるよ」

どれどれ。ふむふむ。なるほどね。享和元年（一八〇一年）に山越内に日本最北の関所が移転してきたのに合わせて、関門手前の当地区は住民が増え始め、文化二年（一八〇五年）ごろ、この稲荷神社が建立されたんですと。

つまり、この神社、二一〇年以上の歴史があるってことだ。

創建二〇〇〇年も珍しくない内地から見たら笑われちゃうだろうけど、ほとんどの建物が明治維新後に建てられた北海道では二一〇年は古参も古参、老舗も老舗なのだよ。

ちなみに、この由追地区、嘉永元年（一八四八年）ごろは宿屋や茶屋、仕立て屋などが建ち並ぶ蝦夷地屈指の繁華街としてにぎわっていたそうな。

で、六度の蝦夷地探索を試みた松浦武四郎は安政五年（一八五八年）一月二五日にこの社を詣でた折、「余はいつもこの社に捧げものをして道中の安全を祈っている」と言ったんですと。つまり、松浦武四郎も詣でた神社ってことなのだよ♡

ぶぶまる、ちゃんとお賽銭を入れて拝みたいから、もう一回参拝するぞ。

「やだーっ。ここ、おっかないんだもん。可愛くないし」

神社に可愛いも可愛くないもないだろ。四五歳の大人が何を言ってるんだよ。

「まだ四四歳♡　ということは、あざらしくんは五三歳なの？　ぷぷぷぷっ」

一〇歳ぐらいの子供から見たら、どっちも同じ齢に見えるよ。とにかく拝め。

「ここ開かないからお賽銭入れられないよ」

ぴゅーっと本殿に飛んで行ったぶぶまるが格子のサッシをこじ開けようとしている。

神社の南隣の家が宮司さんなのかもしれないので、ちょっと話を聞いてみようとしたら、「今日はやめて。話が長くなりそうだから今度にして」と、ぶぶまるに制止された。

武四郎も詣でた神社に深々と拝礼して、国道五号線を南に向かって歩きだすと、天気雨が降り始めた。右手に小さな踏切があって、民家がポツポツとある。店や自動販売機の類は見当たらない。カッパふたり組で歩いていると、武家屋敷風を模したバスの待合所が見えた。江戸時代調の看板に『乗合待合所』と書かれている。乗合バスの乗合だね。

ごおおおっ、ざああああっ、しゃああああああっ。

雨も車の往来も激しくなってきたので、この天気雨が通り過ぎるまで、由追の乗合待合所で休ませてもらうとするよ。

Wild Cherry

「あーっ、あれだ💭。」

さきほど見かけたオートバイに乗った得体の知れない動物か妖怪か何かの写真が、待合所の入口に貼られている。横にストップ・ザ・交通事故、下に八雲地区交通安全協会・八雲警察署と書かれているので、公的にも公認のキャラクターらしい。

「中にもなんか貼ってあるよ♪」

待合所の中に入ると、上質な板の壁に愛くるしい子犬の写真と何かメッセージが書かれた紙が貼られていた。迷い犬かと思って心配して読み始めると、やすらぎペットメモリアル道南店の広告だったりして。紛らわしいなぁ。

二〇日前に開催された『落部公園つつじ祭り』と、八年前に終了している『温泉めぐりスタンプラリー』のポスターも貼られている。どちらも終わったイベントのポスターだけど、旅人にとってはその土地の空気が感じられるので何も貼ってないよりもいいものだよ。

本当は腰を掛けて休みたかったけど、「おしっこしたい」とぶぶまるが出発をせかすので、トイレを求めてすぐに歩きだす。

雨は通り過ぎたようで陽が射している。気まぐれな子豚と気まぐれな空模様だ。

「疲れたね」

だったら、さっきの待合所でもっと休めばよかったのに。

「おしっこしたくなったんだもん。あっ、綺麗だよ」

ぶぶまるがカラスの死骸を見て綺麗だと言った。怖いなぁ。

「ここにトイレないかな？」

白い一軒家に『山越由追会館』と書かれている。誰かが居たらトイレを貸してくれるかもしれないけど、残念ながら無人で鍵がかかっているよ。

仕方ないから、どっかでおしっこしちゃおうか。

と、ぶぶまるに話しかけた時には、もう、ぶぶまるは野ションの最中だった。早いなぁ。

「遅いよ。早くしなよ。さあ行くよ」

自分だけ用を足したぶぶまるが野ション中のおいらをせかしている。意地悪だなぁ。

土曜日なのにご苦労様なことで、国道五号線は業務中の大型車だらけだ。もちろん世の中が大型車のおかげで回っていることは重々承知之介だけど、歩き旅の旅人にとっては走行音、風圧、水しぶき、排気ガス、そのすべてが脅威だったりするのだよ。

「渡島北部ってどこ？」

国道の電光掲示板に『渡島北部に大雨警報発令中』と表示されたのを見たぶぶまるが訊いてきた。長万部町と八雲町のことだよと答えたけど、例によって人の話は全く聞いていない。何か唄っている。

少し歩くと、またさっきと同じ武家屋敷チックなバス待合所が見えてきた。先ほどのは

住宅街にあったけど、今回は松並木に溶け込むようにしてたたずんでいて、絵になるったらありゃしないよ。

　これは休むしかないでしょう。『由追二区』の乗合待合所に入り、五、六人座れそうな木製ベンチに腰を下ろして、しゃあああっ、しゃあああっと、国道を走る車の音を聴いていたら、「ねぇ、その帽子、どうしたの？」と、ぶぶまるが悪い顔でからんできた。

　買ったよ、浅草で。

「誰に買ってもらったのさ」

　出た。被害妄想というか、別に被害を受けてないのに嫉妬&妄想で顔付きが悪くなっている。まだ二〇秒ぐらいしか休んでいないのに立ち上がって待合所を出て行った。

　コース料理の前菜を食べただけで店を出た感覚だけど、泣く子とぶぶまるには逆らえないので、おいらも二五秒後には乗合待合所を出て国道を歩いていた。

　左側につぶれたセブンイレブンがある。自動販売機がふたつあって、窓には何か筆文字で書かれた紙がいっぱい貼ってあるぞ。なんて書いてあるんだろう？

「なめた、一夜干しホッケだって」

　水産会社なのかな。あ、中西水産と書いてある。毛ガニという文字も見えるけど、ぶぶまるがズンズン歩いて行くのでパス。歩かなくなるのも困るけど、やたらとズンズン歩かれるとせっかくの立ち寄りポイントをスルーするので、それはそれで迷惑この上ない。

　多少強引でもいいから次に何か見つけたら絶対に立ち寄ってやるぞ、と心に誓った刹那、にゃははは。最高の立ち寄り物件が目に飛び込んできたぞよ♡。

時刻は一一時五九分。つまりお昼。という絶妙なタイミングで左手に現れた一軒家には『ほたて』『辰巳の』『そば』という大きな亀甲型の看板が掲げられているのだよ。暖簾も出ているし商用車も一台駐まっている。つまりバリバリ営業中ということだ。おおっ。国道ぶちには電光掲示板も出してあるぞ。やる気満々なり。

「まさか、あの店に入ろうとしてないよね？」

ぶぶまるがおいらの顔を見つめたので、笑顔でうなずく。

「本当に行くの？」

もう一度、笑顔でうなずく。

「えーっ💭　やだよ💭　食べたいならひとりで行けよ💭」

そのあとのぶぶまるの抵抗があまりにも激しかったので、こちらの決意は押し切られて、また歩き始めたけど、立ち寄りたかった気持ちはなかなか収まらない。

食べたかったなぁ。意外と旨いんだよ、こういう店が。

ちょうどお昼だし、この先、食堂がなかったら死ぬほど後悔するのになぁ。

「うるさい💭」

おまえ、朝、三膳ペロリとたいらげたから、まだ腹が減ってないんだろ？

「そうだよ。全然おなかすいてないもん」

ごじゃじゃじゃじゃああっ、ごじゃじゃじゃじゃああっ。

車の走行音で路面の乾き具合がわかる。まだ完全には乾いていない音だ。

ああ、食べたかったなぁ。

「うるさいなぁ。食べたい食べたい言われたら、だんだんおなかがすいてきたよ💧」

実はこの店、結局、後日行っちゃうんだけど、どんな店だったかはまだ伏せておくね。

ぶぶまるは長靴がうれしいのか、わざとにバシャバシャと水溜まりを歩いている。

ホタテ用の網が大量に置かれた漁業用具置き場を過ぎると、またまたバスの待合所があった。バス停ごとに駅舎並みに立派な待合所があるなんて函館バスはやるなぁ。

バス停『沼尻』の待合所に入り、木製のベンチに腰を下ろしたぶぶまるが「なんか食べ物ある?」と訊いてきた。

あれがあるよ。部屋に置いてあった『八雲の木彫熊』というお菓子。

「なんだって?」

おぼこ荘の客室に置いてあった茶うけ菓子があるって言ったの。ほら、これ。

「なに、これ?」

おまえ、人の話を全く聞いてないだろ。

「ぶひひひひ(笑)。これもあるよ。かえるまめ……」
・・・・・・
かるえだまめ、だろ。

「かえるかと思っちゃった」

ごじゃじゃじゃじゃああっ、ごじゃじゃじゃじゃああっ。

ドアを閉めても国道を行き交う車の走行音がかなりうるさい。目指す野田生駅（のだおいえき）は近いのかな。まだ、全く駅の気配が感じられないよ。

「帰りたい。もうやめようよ」

「面白くないって、こんなの書いたって」

「自己満足なんだよ。だから、あざらしはだめだって言われるんだろ○」

待合所で休憩した一〇分間、ぶぶまるはリュックに入っている食料品を順番に食べながら、おいらの悪口を言い続けた。そして、小腹が満たされると機嫌を直した。

函館まで六五キロ、森まで二二キロと書かれた看板を眺めながら国道五号線を南に歩いて行く。民家はポツポツとあるけど、商店の類いは見当たらない。

「入居者募集中だって」

こんなところに二階建てのアパートがある。誰が住むんだろう。

「わぁ○　びっくりしたああ○」

アパートに走り寄ったぶぶまるが叫んだ。ドアが開いたので驚いたらしい。どうせ鍵がかかっているんだろうと思っていたんだろうね。黄色いカッパの上下を着て、目と口を丸くして、「びっくりしたよー」と走ってくる姿は子供そのものだよ。

少し歩くと木古内レンタカーの看板と遭遇した。北海道新幹線の気配が漂ってきたぞ。

さらに歩くと薪がいっぱい積んである家があった。薪ストーブなんだね。いいなぁ。

薪を見ると、標高一〇〇〇メートルにある勇駒別（ゆこまんべつ）温泉のロッジ・ヌタプカウシペという小さな湯宿の宿主、ナッパさんのことを思い出すよ。ピアノやギターも奏でるし、文才もあるのに、ナッパさん、単純作業の薪割りが大好きなのさ。今ならわかる気がするな。

なんてことを思いながら、ふと視線を上げて驚いちゃった。この家の二階の大きな窓の中にマイクスタンドとか譜面台がちらりと見えているんだもの。音楽部屋なんだ。薪ストーブと音楽部屋。素敵な暮らしだなぁと思ったら、ぶぶまるがニヤリと笑った。

「車庫を見なよ。なんか書いてあるよ」

見ると、木の枝を組み合わせて『自然エネルギー研究会』と書いてある。板張りの車庫の壁に無着色の枝で書かれているので、かなり注意しないと気が付かない地味な看板だ。

「あざらしくんも研究会をつくってるし、似た者同士かもね。ぶひひひ」

このひとことをきっかけに、ぶぶまるのあざらし批判が始まった。そして、さんざん批判した末にこう言ったんだ。

「そろそろ脱皮しろよ💭」

おそらく、今、ぶぶまるの周りに居る男は野心家なんだろうね。たまに居るよ、セルフプロデュースが得意なIT社長みたいなやつ。そんな男と比べたらくすぶって見えるという批判なら甘んじて受けるよ。実際、くすぶり続けているからね。

しょんぼりと歩き始めて、ビジネスホテルフレスコの看板を通り過ぎた辺りで、ぶぶまるがつぶやいた。

「あれ？　あざらしって脱皮するんだっけ？」

とほほ。真面目に質問してきたのか、落ち込んだ空気を和ませるために言ったのかは不明だけど、気が付いたら、ふたりとも笑っていたよ。

にゃぽろんが居るよ

「すし♪」

めしだよ。

黄色い建物がポツンとあって、黄色い看板に赤文字で『めし』と書いてある。

本日二軒目の飯屋だ。昼時に二軒も飯屋に遭遇するなんて贅沢の極みだよ。ぶぶまるがなんと言おうと今度こそ入るぞ。と、決意を固めながら歩を進めて行くと店名も見えてきた。ドライブイン東天功。

「寿司屋さんじゃなくて中華料理屋さんだね」

この際、何料理でもいいよ。とにかく入ろう、と店の前に行くと、入口は閉ざされていて、お客様各位と書かれた貼り紙が貼られていた。

『当店は一〇月六日をもって完全閉店いたします。長い間ご愛顧いただきまして誠にありがとうございました。店主』

八ヵ月も前に閉店してた……。ほらね。食べられる時に食べないからこうなるんだよ。

本日のランチはさっきバスの待合所で食べた茶うけ菓子一個だな。ふぅ。まぁ、いいよ。

今宵は料理自慢の宿に止宿するので、せいぜい腹ぺこで臨むとしようぜ。

むむむっ。

ここで、ひらめいた。東天功のすぐ裏を通っている、国道五号線から斜めに分岐してい

る脇道が気になったんだ。国道の右側に広がる田んぼを切り裂くようにして進む細い道だ。

この道を行くと野田生駅に着く気がするよ。ここを行こう♡

国道から離れて歩けるとあって、ぶぶまるは従順についてきた。

斜めの道なので、進むほどに国道との距離が離れてきて騒音が小さくなってくる。

「田んぼに入ってみたい♪」

水溜まりを歩くだけでは物足りなくなったらしく、道の両側に広がる田んぼに入りたいとぶぶまるが言い出した。いやな予感がしたので、とっさに駆け寄って片手を握ると、案の定、田植え直後の田んぼに入ると底なし沼のようにズブズブと沈み始めたでないの。

「長靴が脱げちゃうよ」という言葉を無視して、渾身の力を込めて引き上げると、危うく長靴の中に泥が入る寸前で救出することができた。全く何をしでかすんだか。

「怖かったよぉ……」

ずるいなぁ。こういう時だけそんな可愛い顔をしても騙されないぞ。

田んぼしかない道をペタペタと歩いて行くと、突然商店らしき建物が現れた。煙草とコカコーラの自動販売機が見える。看板は見当たらないけど間違いなく商店だ。

「自販機があるよ♪　買って、買って♡」

ぶぶまるくん、これはひょっとするとひょっとするよ。駅だ。駅の匂いがするぞ。

たぶん、あの商店の角を右に曲がったら真っ正面に駅があるよ。

と言うと、ぶぶまるは何も聞こえないふりをした。理由はわからないけど、おいらが駅の場所を当てると著しく不機嫌になるんだ、この子豚は。

見ると本当にどこにも店名が書かれていない。おいらの大好きなタイプの商店だ。

店内をのぞくと、種やお菓子や酒類が並んでいる。看板は外してあるけど営業中なり。

「ビール買ってよ」

わかった、こうしよう、ぶぶまるくん。ビールでもなんでも買ってあげるから、まずは一回駅にゴールしちゃおう。どうせ、次の駅に行くのに、またここを通るからさ。

「お菓子も買ってくれるんならいいよ」

と、聞き分けのいい子豚を連れて名前のない商店を右折すると、思った通り、ちょっとした駅前通りになっていた。

加藤商店は多聞と書かれているので酒屋だろうね。五枚のシャッターのうち一枚だけ開いているところを見ると、ギリギリ営業中かな。その隣は歴史ある木造建築物で、その隣はリンナイガス器具という看板を掲げたホームライフカワハラ。

国道の騒音は完全に聞こえなくなっていて、まるで別世界のように静かだ。

木造家屋に作られたスズメの巣から可愛らしいヒナの鳴き声が聴こえてくる。かつては繁栄していたと思われる通りを郵便局の赤い軽自動車がゆっくりと通り過ぎた。

カワハラの先は空き地になっているけど、駅前食堂や駅前旅館が建っていたんだろうね。

そして、予想通り、通りの突き当たりに駅舎が見えた。

三角屋根の白くて小さな建物にクッキリとしたフォントで野田生駅と書かれている。

駅舎の横には青い自転車が一台駐めてあって、構内踏切の黄色と黒の縞模様のポールが天に向かって立っている。やっと着いたよ。本日ひとつめの駅、野田生駅に。

はやる気持ちを抑えながら駅舎に近づいて行くと子供たちの声が聞こえてきた。

近くに小学校があるんだろうね。でも、土曜日だから学校は休みか。そういえば、さっき、名前のない商店の中をのぞいたら小学生の男の子ににらまれたぞ。

一二時四八分、野田生駅に到着ーっ！

山越駅を出たのが一〇時四〇分なので、線路の距離で五・二キロの区間を歩くのに二時間八分もかかったってことか。長靴なので歩きにくかったからなぁ。

「にゃぽろんが居るよ♪」

先に駅舎に入ったぶぶまるが、窓辺に置かれた猫のぬいぐるみを見て可愛いことを言った。にゃぽろんというのは、おいらが描く猫の名前なのだよ。もちろん、商品化されていないので、にゃぽろんが居るわけないいんだけど、ぶぶまるにはそう見えたんだろうね。

発表します！　ここまでの歩数は……！

「誰に発表してるの？」

読者に決まってるでしょ。

「ぼくにも発表しろよ！」

おまえにも聞こえてるだろ。ええと、九三八一歩！って、一万歩歩いてないいんだ。ああ、しかも、途中でピピッって鳴ってたみたい。四国八十八箇所巡り機能の付いた歩数計が第三七番札所の岩本寺に到着したことをお知らせしていたのに全く気付かなかったよ。

おまえがにゃぽろんと見間違えたぬいぐるみに拝礼しよう。

「ばかばかしい」

ばかばかしくても三六回やってきたんだから三七回目もやるの？

と、大人ふたりが猫のぬいぐるみに向かって手を合わせて頭を下げているところに誰かが入ってきた。半袖半ズボンで五分刈りというよりも五厘刈りのデブくんだ。

I Am The Walrus

「こんにちは？」

ぶぶまるが吹き出すのをこらえながら挨拶をすると、デブくんも笑うのをこらえている風情で「こんにちは」と挨拶を返した。

ああっ。さっき名前なし商店の中からこちらをにらみつけていた子供だ。おいらたちのことを不審者だと思って追跡してきたのかもしれないぞ。ここはひとつ、崇高なノンフィクション小説の取材中であることを示して安心してもらわなくては。

おいらはふたつある四連椅子のひとつに浅く腰を下ろし、目の高さを子供に合わせて、落ち着いた口調でゆっくりと質問をした。

きみの家は何商店って言うのかな？

「小林商店です。でも、ぼくの家じゃありません」

ん？　あの店の子じゃないの？　そういえば手に白いレジ袋を持っているし、ただ買い物に来ていただけなのかぁ。いきなり勘違いしている駄目大人になってしまった。

「電車に乗るの？」

もうひとりの駄目大人がオバカな質問をしてしまった。見たらわかるでしょ、近所の子供だって。そもそも電車じゃなくて汽車だし、もう。

「違います。すぐそこの、あの……」とホームの向こうを指さしたので合点がいった。小林商店で買い物をして、ホームの向こう側にある家に帰るために駅の中を通過しているんだよね。と、おいらが言うと、「そうです。そうです」と笑った。

「なに買ってきたの？」

駄目大人が勝手に袋の中をのぞいている。やめなさいって。このままだと不審者一直線だぞ。話題を変えなくては……。

きみは、この駅から汽車に乗ったことはある？

「はい。八雲とか函館とか」

「えーっ、函館に汽車で行ったの？　いいなぁ」

ぶぶまるが子供をうらやましがっている。運賃表を見ると八雲までは二二〇円、函館だと一四五〇円。上り下り六本ずつなのは山越駅と一緒だ。

きみは何年生？

「五年生です」

そうか、五年生か。中学はどこに行くの？　八雲中？

「野田生中です」

へぇーっ。野田生にも中学校があるんだね。野田生小は全部で何人居るの？

「一七人です」

デブくんは一年生が一人、二年生が五人、三年生がいなくて、四年生が三人、五・六年生が八人という正確な内訳も教えてくれた。デブくんは五年生なので六年生との複式学級で八人クラス。野球の試合はしたことがないんだって。丸刈りなのにもったいない。

ちなみに、野田生小の子はみんな野田生中に行くかというと、そうでもなくて、八雲中に行く子も居るとのことで、デブくんは野田生中に行く予定だけど、その前に家が引っ越して函館の中学に行くかもしれないと、少し寂しそうに話してくれた。いい子だよ。

デブくんと話している間に、ピンク色のカッパを着たマダムが駅舎内を通って、ホーム裏手の公営住宅へと歩いて行った。デブくんも少し名残惜しそうにおいらたちと別れると、上りホー

ムの切り欠き階段を降りて、下りホームの裏手にある原っぱの中の獣道みたいな道を公営住宅の方に歩いて行った。その後ろ姿を見送りながら思ったよ。

いい風景だなぁって。

野田生駅のホームは上り下りともに同じ長さの相対式で二面二線。ホームの南側に保線車輛用の横取り線がある以外は至ってシンプルだ。構内にも近くにも跨線橋はない。

という具合に、おいらがデブくんを見送ったり、構内の撮影をしている間、ぶぶまるは駅舎内のベンチで上を向いて、口を開けて、気持ちよさそうに爆睡していた。

ぶぶまる、起きて。まだ一万歩も歩いてないし、一駅だけじゃ終われないから、せめてあと二駅は歩くよ。と、可哀そうだけど起こすと、「寝たら寒くなっちゃった」とまた黄色いカッパを着て、パーカーのフードとカッパのフードをダブルですっぽりとかぶったので出発するのかと思ったら、すぐにまた眠り始めた。

「歩いて旅行ですか?」

マダムが駅舎に入ってきて、不審者を見る目で訊いてきたので、そうだと返事をする。

「大変ですね」

はい。相棒がなかなか歩いてくれなくて、と言うと、マダムは笑った。

清掃が行き届いた駅舎内に居ると、ピヨピヨピヨと野鳥のさえずりが聴こえている。

海が近いからだろうね。ホームにカモメがとまっている。窓辺に置かれた猫のぬいぐるみと目覚まし時計が生活路線ならではの温もりを感じさせて居心地がいいんだけど、予定より一時間以上遅れているから、そろそろ行くとするよ、と、ぶぶまるを叩き起こした。

SAIL WAY〜真っ黒な空へ〜

一三時〇三分、次の駅を目指して野田生駅を出発した。

「本気で寝ちゃったよ」

うん。口を開けて、ぐがーって本気で寝てたよ。疲れてたんだね。

本当は線路沿いの道を南に向かって歩けるところまで歩いて行きたかったけど、小林商店に立ち寄ると約束したので、駅を背にして国道側へと歩く。

通り沿いには花のプランターが並べられている。なんとなく文化的だなあと思いながら小林商店に入ると、最初に目に入ったのがミニミニ図書館だったりして。文化的だぞ。

黒い三段カラーボックスにハードカバーの単行本がびっしりと並べられている。馳星周『帰らずの海』、よしもとばなな『サーカスナイト』、柚木麻子『3時のアッコちゃん』、瀬戸内寂聴『死に支度』などなど新刊が中心だ。番号が書かれたシールが貼られているので貸し出し用だと思われる。

「味噌を買いたい♡」

ぶぶまるが味噌を買おうとしたので、「今買ったって重いだけだよ」と断念させると、「リボンシトロンがいい」と言って、ビールじゃなくてジュースを選んだ。駅でひと眠りしている間にビールを欲しがっていたことなんて忘れてしまったらしい。しめしめ。

セ「二六〇円です」

ぶ「すいません。トイレ借りてもいいですか?」
セ「昼寝してますけど……」
ぶ「そーっと行きます」

以上は店のセニョリータとぶぶまるの会話ね。ぶぶまるが教えてくれなかったので、誰が昼寝をしていたのかは謎のままだ。

「歩いているんですか?」

歩いているんです。わかったから、それも買ってやるって。

「どこから?」

札幌からです。いいから早くトイレ借りちゃえよ。こら、カッパを脱いで〇。

ぶぶまるがいなくなったので、やっとまともに会話ができるようになった。

これはミニミニ図書館なのですか?

「八雲町の移動図書館なんです」

聞くと、一カ月に一回入れ替えるとのことで、子供用の図書は学校でも借りられるから大人向けの本が中心らしい。

これから落部駅に向かって歩くんですけど、途中食堂ってないですよね?

「ないです(キッパリ)」

ないですよね。そこの中華料理屋さんは去年の一〇月で閉店しちゃったんですね。

「一昨年の一〇月じゃなかったかしら……」

あらら。そうだったんですか。と話していると、ぶぶまるがトイレから戻ってきた。

トイレから戻ってきたぶぶまるに、これから一時間半ぐらい食堂が一軒もないので、何か食料を補給しようと提案すると、きのこの山、チップスター、いちごみるくペロティを選んだ。もちろん、すべて自分用だ。

「四〇〇円ちょうどになります。今日はどこに泊まるんですか?」

ええと、ですね……と、口ごもった。ぶぶまるを驚かせたくて秘密にしているからなんだけど、地元の人にしてみたら宿泊先を明かさぬ徒歩旅人は怪しい不審者だろうね。

「落部に泊まるんですか?」

ええと、それも含めて、その……。

「まだ言えないんだよね。秘密にしているんです」

人が困っているのを見て笑いをこらえていたぶぶまるが助け舟を出してくれた。

どうもすいません。と、一度店を出てから店に戻って、この店、看板は出してないんですか?と訊くと、「取ってしまったんです。あはははは」とセニョリータが笑った。

再び外に出ると、もう、ぶぶまるの口がもぐもぐと動いていた。早いなぁ。

東天功の裏の道を歩いてきて、小林商店で右折して野田生駅に行って、また小林商店まで歩いてきたので、ここで南に折れて、最初に歩いてきた道の延長を歩いて行くと、理容院の窓に『屋根の下を歩かないでください』という貼り紙が貼られていた。

「心が狭いね、もぐもぐもぐもぐ」

いてっ♀。こらぁ、やめろって。

「えへへへへへ、もぐもぐもぐもぐ」

ぶぶまるが、きのこの山の柄の部分を人にぶつけては笑っている。

やめろって。もったいないだろ。痛いって♡

「えへへへへへ。あ、なんか売ってるよ♪」

農作物の無人販売だ。生産者直売、ふれあいファーム幸村農園と書かれている。

「新鮮で美味しそうだよ♪　紫色のホウレン草だ♡　ここにお金を入れるのかな？」

どれどれ、って、やめろよ。痛いって。きのこの山の頭だけ食べて柄の部分を人にぶつけるのはやめなさいって♡

「えへへへへへ。面白いね」

面白くないよ。学校が近いんだし、子供が見たら悪影響を与えるだろ。

「どうせ野鳥が食べるから大丈夫だよ」

結局、ぶぶまるはきのこの山を一箱食べ終わるまで、チョコだけ食べて、クッキーの部分を人にぶつけては笑っていた。こんな四四歳、周りに居る？

幸村農園で右に折れ、道なりに左に曲がる。前方に中学校が見えているので、あの辺りで線路横の道と合流する予定だけど、その先、国道に出られるのか不安になってきたよ。

「はぁ～」

おまえが溜め息をつくなよ。

黄色いカッパのフードは被らず、その下のグレーのパーカーのフードをピッチリと被って宇宙人みたいに見えるぶぶまるがチップスターを食べながら歩いている。

「ナポリン飲む？」

シトロンだろ。飲みたいよ。チップスターだって食べたいし。おれ、お茶うけしか食べてないからね。

「昔は親戚で集まったら、子供の飲み物ってリボンシトロンかナポリンだったよね」

道外のマダムたちにはちんぷんかんぷんのはずだ。リボンシトロンとナポリンはサッポロビールで出している無果汁の炭酸飲料なんよ。各社が開発競争で健康志向、本物志向のアイデア商品を次々に生み出している今となっては工夫のかけらもないつまらない飲み物だけど、道産子のDNAはたまにシトロンやナポリンを欲してしまうのさ。

通り沿いの家の窓から猫が二匹、不思議そうにこちらを見ている。

「国道に出る前に全部食べないとね♡ はい♪」

ぶぶまるがチップスターを一枚だけわけてくれた。泣けるねぇ。

野田追川と野田生駅

国道に出た。

国道沿いで時々見かける『スピードおとせ』のパトカー型看板が出迎えてくれたよ。

野田追川に架かる野田追橋を渡る。野田生駅とか野田生中学校は『生きる』だけど川と橋は『追う』。漢字が違っている。明治維新後、アイノイタク地名に慌てて日本語を当てはめたので、当時の縦割り行政の弊害が是正されずに今日まできちゃったということだね。

じゃごおおおおおっ、じゃごおおおおおっ。

雨は完全に止んでいる。国道は通行量が多いので少しだけ乾いてきているようだ。

「今日は何駅分歩くの?」

予定は四駅だけど、このペースだと全然無理だろうね。

「次は何駅目?」

二駅目だよ。

「えーっ!? まだ一駅しか歩いてないの?」

そうだよ。せめて三駅は歩きたいなぁ。

と言いながら、ぶぶまるの顔を間近で見たら、シワといいタルミといいしっかり四四歳の顔をしている。こいつなりに年輪を刻んで生きている証しってことか。

あれっ。どうしよう。激痛だ。胃に穴が開いたような激痛が突然襲ってきたぞ……!?

歩いている体が前のめりになって、よろよろと倒れそうになったけど、幸いなことに、ぶぶまるは右手の遠くを走る特急を見ては「線路があんなところにあるよ」と言ったりして、五メートルほど前方をゆらゆらと揺れながら歩いている。こちらを見ていない。

痛さに耐えられなくてしゃがみこんだけど、前方を歩くぶぶまるは振り返ることもなく揺れている。それでいい。余計な心配をかけたくないからね。

ぶぶまるの遥か前方で平らな国道が上に上がっている。跨線橋になっているのかな。

左前方に黄色い建物が見える。たしか、昔、ディスカウント酒店だった建物だ。シャッターが閉ざされている。閉店した風情だ。先ほどの閉店した中華料理屋といい、その手前にあった資材置き場といい、この辺は黄色い建物がやたらと多いなぁ。うっ。激痛……!?

しゃごおおおおっ、しゃごおおおおおっ。

国道を走る車の走行音から水しぶきの音はもうほとんどなくなっている。

激痛のピークは通り過ぎてくれたので、よろよろと立ち上がったところで、ぶぶまるが振り返った。

「あそこの店の前にゴミを置いてもいい？」

駄目に決まっているだろ。

「どうして？」

どうしてもこうしてもないでしょ。駄目なものは駄目💭

創業一九〇三年と書かれた激安酒店は閉店して久しい風情だけど、一世紀以上続いた老舗の前にゴミを捨てようなんて、ぶぶまるの倫理観は一体どうなっているんだ？

「おえーっ、おえーっ」

ぶぶまるが、苦しそうにおえおえやっているので、東野バス待合所に一時避難する。

木製ベンチには座布団が敷いてあって、その上に松ぼっくりが置いてあった。窓が大きくて明るいし、とっても綺麗な待合所なので、腰を下ろそうとしたら、「なに座ろうとしているのさ」と、ぶぶまるが意地悪な笑みを浮かべながらからんできた。

ちょっとだけ休もうよ。

「もうやめる気？　行こうよ」

さっき、ちょっとだけ胃が痛くなって……。

「なに？　そんなに休みたいの？」

わかったよ。休まなくていいよ。歩こう。

野田生駅で爆睡したので元気になったんだろうね。ぶぶまるが歩く気満々の時間は貴重なので休むのは断念するよ。また、先ほどみたく痛くならないことを祈るばかりなり。

「やばいーーっ💭。歩道がなくなるぅーーっ💭。やだやだやだやだぁーーっ💭」

危ないから右側の路側帯を歩くよ。

怖がるぶぶまるをかばうようにして進むと右手前方につぶれたローソンが見えてきた。

国道沿いにあった熊嶺荘の案内看板はもう撤去されている。青看板には右折すると桜野温泉と書かれたままだけど、桜野温泉は熊嶺荘一軒しかないので、あの青看板も近いうちに手直ししないと駄目ってことか。桜野温泉は地図からなくなってしまったんだ。

ぶぶまるが人の頭の匂いを嗅いでは「臭いなぁ」と言って笑っている。

おまえが怖がるから、こうやっておまえを守るようにして歩いているのに、その人の頭の匂いを嗅いで臭い臭いと笑うのはどうなんだろうね。と、おいらが言うと、ぶぶまるは「きゃはははははは」と笑った。

「これも書くの?」

書くよ。

「えええええーっ💭。こんな些細なことも書くのかぁ。どうせなら、ぼくの犠牲になって、あざらしくんがひかれて死んだら面白いのにね♪」

おれが死んじゃったらこれを書く人がいなくなるだろ。と言うと、ぶぶまるが人の体を車道側に押す。ぐらっとバランスが崩れたところにトラックが走ってきた。

ごおおおおおおっ、ごおおおおおおおっ。

「きゃはははははは」

やめろよ、本当に死んだらどうするんだよ。

「あざらしくんなんて本当に死ねばいいのに♡。」

そのうち本当に死ぬかもよ。と言った声は騒音にかき消された。

野田追跨線橋は距離が長い。まだ線路の真上にさえ着いていないよ。

ぶぶまるは人を車道に押したり、アスファルトの隙間から生えてきているつくしんぼを
「気持ち悪い」「気持ち悪い」と言っては蹴散らかしたりしている。

「あざらしくんみたいに気持ち悪いね。きゃははははは」

悪魔だ。ついに路側帯もなくなって、車道の端を歩くしかなくなってしまったので、悪
魔と一列になって歩いていると、今度は後ろからバンバン叩いてきた。

なにやってるんだよ。痛いだろ。

「きゃはははははは」

本物の悪魔か、おまえは。

「ここ、前も歩いたよね」

歩いてるわけないだろ。脇道はともかく国道は二回歩かないよ。

「歩いたことある💭」

はいはい。

ごおおおおおおっ、ごおおおおおおおおっ。

「怖いよぉ。いつまでこんな感じ？」

もうしばらく続くから、おれから離れるなよ。

ぶぶまるは返事をするかわりにジュディ・オングの『魅せられて』をイントロから唄い始めた。サビの英語はデタラメだけどね。

続いて『カナダからの手紙』をイントロから唄い始めたので、サビでハモりながらふたりで熱唱してゲラゲラ笑った。そこだけ見たら仲のいいふたりに見えるだろうね。

落部ＩＣ（インターチェンジ）の前を一四時ちょうどに通過。森まで二〇キロ、函館まで六二キロの看板が出ている。跨線橋を過ぎても歩道は現れない。歩行者にとっては危ない道だ。

ほんの数秒間だけど、車の往来が途切れると波の音が聴こえてきた。左手は海で右手は笹団地だ。ほかには何もない。

また雨が降り出した。カッパのフードを被って歩くぶぶまるが黄色いてるてる坊主に見える。しゃばばばばばーっ、と車が水しぶきを上げて走り去る度に立ち止まるので、なかなか前に進まないよ。

「ぼくが唄った唄の曲名をいちいち書くの、やめてもらえる？」

少ししか書いてないよ。おまえの昭和っぽさが伝わるから曲名は大事だろ。

「やだやだやだ。新しい曲を唄っていることにして💭　ＥＸＩＬＥとか西野カナとか」

ＥＸＩＬＥとか西野カナとかが既に新しさを感じさせないけどね。とか言いつつも、この本の小見だしも永ちゃんとか、佐野元春とか、サザンとか、チャゲ&飛鳥の曲のタイトルから拝借しているんだけどさ。

「えーっ❢　そんなこだわりがあったの？　知らなかった」

気付いてほしかったよ。ちなみに、今回はＢＯØＷＹとレッドウォリアーズとスガシカオの曲のタイトルから拝借しているんだけど、みんなは気付いたかな？

「おしっこしたい」

左前方に見えるパーキングにトイレがあればいいんだけど、なかった気がするなぁ。

空は青空が広がってきているのに海は大変なことになっている。地球が絶滅する時はこんな感じになるんだろうなぁと思ってしまうぐらい荒れ狂っているよ。

ぶぶまるはわざとにバシャバシャと水溜まりを歩いては人に泥をはねて喜んでいる。

左前方に見えたパーキングに着いたけど、やはりトイレはなかった。

「青い山脈を唄いたい」

おまえ、いくつなんだよ？

「ぶひひひひ」

ふたりともおしっこを我慢しているけど、国道から丸見えで隠れる場所がないので立ちションもできないや。パーキングの左手は崖と海で、右手は国道と笹団地。身を乗り出すようにして崖の下を見たら眼下に線路が見えた。海岸線ギリギリを走っている。

「うわーっ、びっくりしたぁぁぁーっ❢」

どうした？

「海が急に居たの」

海はずっと居たと思うよ。

「海、こわいぃぃぃぃーっ♀」

今日の海はぶぶまるじゃなくても、ちょっと怖いかもね。

「おしっこ、限界かもしれない」

わかったよ。あそこでしよう。

左手のパーキングから少し南側に歩いたところに、国道からは見えない程度下に降りられる坂があったので、ふたりともそこで用を足した。ガードレールをまたいで国道の路側帯に戻ると、ぶぶまるはわざとに水溜まりを歩いて笑っている。世界は平和だ。

「これは峠ですか？」

峠じゃないよ。ほぼ平坦だろ。

「峠を思い出すよ」

平坦なのにどうしてだ？　一瞬、車の往来が途切れてシーンとなった。汽車が走る音が聴こえてきたけど、ここから線路は見えない。

ぶぶまるはゴダイゴの『ガンダーラ』を唄っている。サビの英語は相変わらずデタラメだ。汚いから触るなと言ってるのにガードレールを触ったので手が真っ黒だよ、もう。

「きみは〜なにをい〜ま〜♪」

だから、おまえはいくつなんだよ♀

ごおおおおおっ、ごおおおおおおっ。

国道はすっかり乾いたようだ。ぶぶまるは路側帯の脇の方に頑張って生えてきているつくしんぼを「えーい、えーい」と蹴散らかしたり踏みつけたりしては殺している。

「これはつくしじゃないよ。鉛筆だから踏み付けてもいいんだよ」

つくしたちを殺しては「楽しくなってきた♪」と笑っている。悪魔度は増すばかりだ。

「ねぇ、加山雄三を唄って♪」

知らないよ。世代が違うだろ。

ぶぶまるの年齢詐称説が濃厚になってきた。すすきののピーターパンで働いていた時からずっと年齢をごまかされていたのかもしれないや。いくつなんだ？

浮き球が大量に置いてある。落部(おとしべ)の街に入ったらしい。国道から左側の脇道へと入って行く。住宅街に入ったというのに、ぶぶまるは大きな声で唄い続けている。

やめろよ、国道ぶちじゃないんだから。

「わざとに大きい声で唄ってるの〇」

意味がわからない。船が停泊している。落部港盛漁丸。漁村らしい風景になってきたぞ。

コーラの自動販売機が見えたと思ったら、つぶれた商店を発見した。ポストがあるぞ。

また雨が降ってきたので、カッパのフードをかぶった。ぶぶまるは口笛を吹いている。

ぶぶまるの口笛とは別にどこかの家から子供が吹いているリコーダーの音が聴こえてきた。漁師のおじいちゃんが不審者を見るような目でこちらを見つめている。

「駅はどこ?」

駅は国道の反対側だよ。でも、落部の町は国道の海側だからこっちを歩いてるんだよ。

セキレイのオスが羽を広げてメスに求愛しているけど、呆気なくふられた。

「いろんな鳥が居るね」

あれは海燕(うみつばめ)。時任三郎と藤谷美和子の『海燕ジョーの奇跡』の海燕だよ。

「飛び方がヘタだね。ふらふらしてるよ」

空中を飛んでいる虫を捕まえながら飛んでいるからヘタに見えるだけだよ。

結構長い橋を歩いて落部川を渡る。海沿いの道は刺激がないけど静かでいい。こんな平和な時間がずっと続けばいいのにと願ったけど、そう願っていたのはおいらだけだった。

「早く駅に行って先に進もうよ。早くこの旅を終わらせたいよ」

そうだった。ぶぶまるはさっさと函館にゴールして、もう二度と会わないことを願っているんだった。ふたりで楽しく歩いていたらつい忘れてしまうよ。

「ぴよ、ぴよ、かりぃめぇろぉ〜♪」

年齢詐称疑惑のぶぶまると『カリメロ』のテーマソングを唄いながら歩く。表面的にはとても仲良しさ。続けてエンディングの絵描き唄も唄った。仲良しっぽいけど哀しいね。

カリメロの絵描き唄って、そのまま描いてもカリメロにならないよね。

「ドラえもんもそうだよ。描けないんだよ」

「立派な船があるよ」

うん。いっぱい船があるねぇ。漁港らしくていいよ。疲れたから少し休もうか？

「やだ。駅に行く」

ぶぶまるがずんずん歩いて行った。漁港を過ぎたところで国道側に右折したら店が並んでいた。功鮨、とくなが商店、つるみ、アズマ理容院。落部のメインストリートだ。

「おじいちゃんみたいな匂いがするよ」

ぶぶまるは街全体からおじいちゃんの匂いがすると言うけれど、よくわからない。

おっ。正面から見ると屋根が半円形になった蒲鉾型の建物があるぞ。昔は劇場だったんじゃないかな。誰かに訊いて確かめたいと思っていたら、ナイスタイミングで向かいの家の老紳士が顔を出したので訊いてみる。

この建物、昔は劇場だったんですか？

「映画館」

うわーっ。映画館があったんだ。栄えていたってことだ。昔の映画館って劇場がわりに歌謡ショーとかもやっていたからなぁ。

つるみは何屋さんだったんだろう。新しい建物だけどシャッターが閉まっている。

もり新という寿司屋がぼろくていい味を出しているぞ。やっているのかな。

「お風呂屋さんの匂いがするよ」

本当だ。どこから匂っているんだろ。塩素臭いね。

「痛いっ。足の付け根が痛くなったから、もう歩きたくないよ」

ちの商店の前にベンチがあるからあそこで休もうか。

「ちのはいやだ」

贅沢言うなよ。偶然タイミングよくベンチがあるなんて奇跡的なことなんだから、ありがたく休ませてもらおう。

「ちのはいやだぁぁぁっ」

でかい声で叫ぶなって。ほら、劇場の向かいのおじいちゃんがこっちを見てるだろ。

結局、ぶぶまるはちの商店の前のベンチで休憩した。だったら最初から文句を言わなければいいのにと思ってしまう。

ちの商店は酒と食料品の店だけど教科書も取り扱っている。ということは落部には書店がないということか。書店のない町は普通の商店が教科書を取り扱うからね。

ぶぶまるがおしっこを我慢していると言うので、ちの商店でトイレを借りようと言うと、いやだという。いやだと言いながらベンチで横になろうとするのでそれは阻止する。

「どうしてだめなの?」

自分の店の前のベンチで誰かが寝ていたら普通はいやだろ。通報されるぞ。

「じゃあ、ビール買ってきて。ビール飲みてぇぇぇぇ」

だから大きな声を出すなって。おしっこを我慢しているのにトイレは行きたくないけどビールを飲みたいとか、おまえ、言ってることがメチャクチャだぞ。

「けちっ。けちな男とは付き合いたくないね」

そう吐き捨てるように言うと、ぶぶまるは立ち上がって歩き始めた。

夢を見たのさ

澤口電器商会、落部スポーツクラブ、東流寺。いろいろあるなぁと思いながら歩いていたら国道に出た。この信号を渡ると、右角に郵便局、左角にセイコーマートがある。落部駅は郵便局の裏手辺りだ。

「セイコーマートでトイレ借りたらだめなんでしょ?」

駄目じゃないよ。どうして?

「近代的な建物でトイレを借りたらだめってルールがあるんでしょ?」

ないよ、そんなルール。勝手に決めるなよ。

「じゃあ、セイコーマートでビールを買ってトイレを借りようかな」

ビールは駄目。おしっこだけ。でも、まずは駅に行っちゃおう。時刻表を見て、ちょうどいい汽車があったらそれで帰ってもいいからさ。足の付け根が痛むんだろ。

「そんなこと言ってない💭」

足の付け根が痛むから歩きたくないって、足をひきずりながら言っていただろ。

「ぼくは痛いとか歩けないとか音を上げたことは一度もないから💭　おまえなんかデタラメばっかり書きやがって💭」

やばい。目付きが悪くなっている、と思った時には遅かった。ドカドカとセイコーマートに入ったぶぶまるは「もうやめる💭」「もう、おまえなんかに付き合いきれない💭」な

どと叫びながら、気が狂ったように暴れだしたので、外に連れ出すと、着ていたカッパを地面に叩きつけて、「ひとりで駅でもなんでも行けよ！」と叫んで国道を南に向かってドカドカ歩き始めた。止めようとしたけど胃の辺りを激痛が襲ったので声が出なかった。

ふう。ため息。南に少し歩いたところにセブンイレブンがあるから十中八九そこに行っているだろうと踏んで、セブンイレブンとは反対側にある落部駅（おとしべえき）へとヨレヨレと歩く。

国道沿いの落部郵便局の裏手を斜めに入る道を歩いて行くと、あった！

小さな待合所じゃなくて、ちゃんとした木造の駅舎だ。落部には四半世紀以上通っているけど落部駅は初めてみたよ。いい駅だなぁ。

横長の平屋で緑色のトタン屋根は錆びている。入口と窓は安っぽいアルミサッシに替えられている。入口前には電話ボックス。近くに落部郵便局があるのでポストはない。

あれ、まずいかも。胃痛レベルが上がってきた。急いで駅舎の描写を済まさないとね。

特筆すべきは駅舎の壁に貼られた手書きの看板だ。

味わいのある文字で『楽しい旅しませんか。キップ航空券宿泊の申し込みはＪＲ八雲駅落部保線管理室』と書かれている。お申し込みはＪＲ八雲駅、ではなくて、ＪＲ八雲駅落部保線管理室、というのがいいなぁ。

それと比してセンスがないのが駅前の芝生に立てられた啓発看板だ。

だらしなく錆びた板に色気のない文字で『列車を待たせるな高校生。服装の乱れは非行の第一歩。在学青少年健全育成八高ＰＴＡ落部支部』と書かれているんよ。くだらんね。

ガラガラッと駅舎に入った刹那、経験したことのない胃痛が襲ってきて意識を失った。

んんん。

どれだけ気絶していたんだろう。何時間も経った気もするし、ほんの数分しか経っていない気もする。気が付くと落部駅の待合室の椅子の上で横になっていた。

本当に胃に穴が開いちゃったのかもしれないなぁ。まいったなぁ。

横になったまま時計を見ると一五時二三分なので、これを到着時刻とするよ。

野田生駅を出発したのが一三時〇三分なので路線距離五・三キロの区間を回り道をしながら二時間二〇分かけて歩いてきた計算なり。うち何分かは気絶していた時間だけどね。

椅子に横になったまま歩数計を見ると一万九九一八歩と表示されている。野田生駅までが九三八一歩だったので、差し引くと一万五三七歩かぁ。地獄の一万歩だったよ。

よかった。胃痛はどこかに去ってくれたようだ。

椅子の上でゆっくりと体を起こして、駅舎内を見渡すと、えっ？　えっ？　ええええええええっ⁉　おいら、ついに、やっちゃったかも……⁉

幻覚？　それとも、タイムスリップ？　タイムスリップだけはしたくなかったなぁ。

落部駅の駅舎内は全く温度の異なるふたつの世界に分断されていた。

おいらが今居る世界はオレンジ、ブルー、グレー、オレンジのお馴染みの四連椅子が五セット無機質に並んでいるだけで、座布団とかぬいぐるみのような温もりを感じさせるものが何ひとつ見当たらない、がらんと広いだけの寒々しい空間なのに対して、ガラスの向こうに見える世界は温もりと活気に満ちているぞ。

『落部駅鉄道きっぷうりば』という、『きっぷうりば』が平仮名の優しい看板が掲げられた

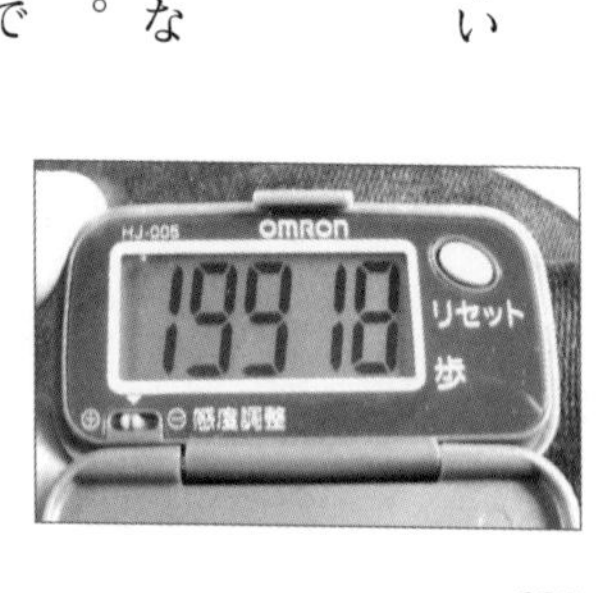

売り場窓口にはいかにもベテラン鉄道員という風情の初老の駅長が座っていて心配そうにこちらを見ている。この駅の話を訊いたら貴重な昔話を語ってくれそうだ。ありがたい。あとで話を聞かなくては。

その駅長の奥の席にはやはりベテランの保線マンが座っていて、駅長の机よりもひと回り小さいスチールデスクに向かって何やら記録をつけている。あ、こちらを振り向いた。駅長同様大きな黒い瞳で心配そうにおいらを見ている。瞳が大きいな。

保線マンの後ろでは煙突につながれたストーブが赤々と燃えている。ストーブを取り囲むようにして四連椅子が一組とパイプ椅子が三脚、背もたれがほぼ直角の木製ベンチがひとつ置いてあり、そのすべてに座布団が敷かれている。暖かそうだ。

風呂敷包みの大きな荷物を背負った老女とおかっぱ頭の小さな女の子が、そのベンチに腰掛けて両手をストーブにかざしている。あ。こちらを見た。瞳が大きい。手前のパイプ椅子に座っている学ランに学生帽をかぶった男子高校生もこちらを振り向いた。眼鏡の奥の瞳が大きいぞ。

寒い。あまりの寒さに急に震えがきた。ペラペラのビニールカッパでこんなところに座っていたら風邪をひいてしまうよ。早くあっちの世界に行って暖まらないと。

ほら、駅長も保線員も老女も女の子も学生も心配そうにこちらを見ている。寒い。行こう。このガラスをすり抜けて、あっちの暖かい世界に行かなくては……と、ふらふらと立ち上がってガラスの壁に両手を付けた瞬間、痛っ！　後頭部に激痛が走った。

「タテウラさん！　気をしっかり！」

聞き覚えのある声だ。誰だよ、いきなりひっぱたきやがって。
振り向くと、よく知っている老紳士が立っていた。銀婚湯の支配人、川口忠勝さんだ。とても心配そうな顔をして、手にはホウキを持っている。あれで頭を叩いたのかな。いつも庭仕事をしている時の服装のままだ。どうして、こんなところに居るんだろう。

「タテウラさんだと思って話しかけても返事をしないというか、上の空で、寒い、寒いって繰り返すだけなので、これはまずいぞ。どこか別の世界に行ってしまうんじゃないかと思ったら、ふらふらっと立ち上がって、そこの壁に両手をスーッと入れたので、これは大変だ、こっちの世界に戻さないと、と思って、そこにあったホウキで頭を叩いたんですよ。戻ってきてよかったぁ」

　川口さんが心底よかったぁという顔でおいらの顔を見ている。そういえば、あの瞳の大きい人たちはどうなったんだろうと思ってガラスの向こうを見ると、駅長の椅子にも、保線員の椅子にも、ストーブを囲む椅子にも人の姿はない。ただ、たった今まで誰かが座っていて慌てて立ち去ったような生々しい乱れが感じられる。駅長の椅子は背もたれに作業着がかけられているし、保線員の机には記録用のノートが開かれたままになっているぞ。

　壁に掛けられた日めくりのカレンダーは青い文字で二五日となっている。ええと、今日は六月二五日土曜日なので、今日の日付だ。

　一体どうなっているんだろうと振り返ったら、川口さんの姿も消えていた。手にしていたホウキだけが床に転がっている。ますますわけがわからないよ。

　結局、今、落部駅の広い駅舎に居る人間はおいらだけ、ということらしい。

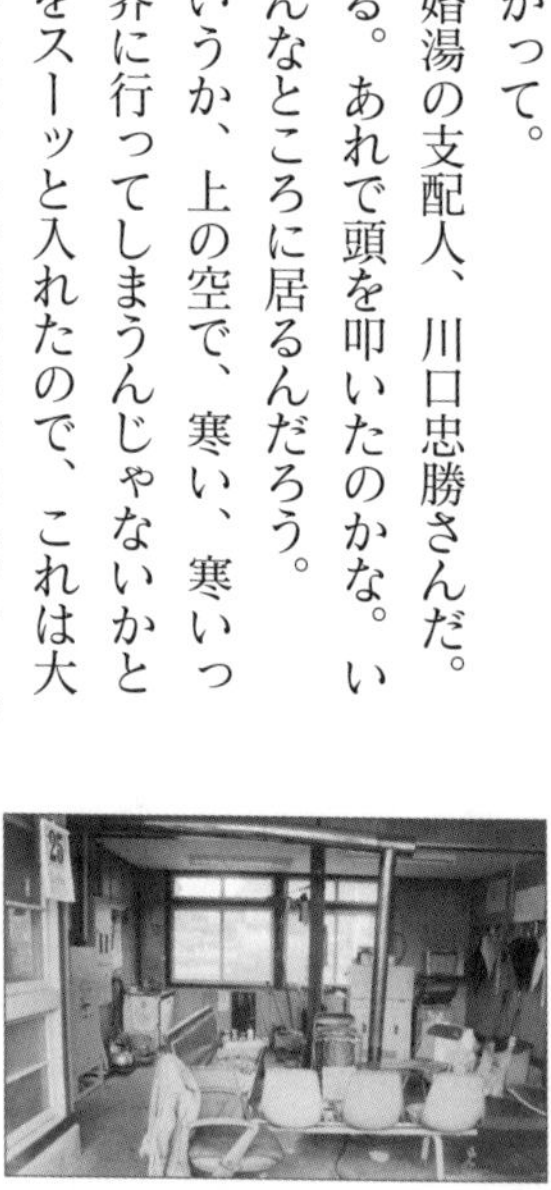

ふと見ると、待合室の椅子の後ろの壁に温泉旅館銀婚湯の広告が額に入れられて貼ってあるでないの。上半分の写真は日焼けで退色してなんだかわからなくなっていて、電話番号も八雲七―三一一一の下に手書きで六七―三一一一と修正してある。市外局番が変わったのは随分前の話なので、つまり、相当古いポスターということだ。

ううむ。危ないところを銀婚湯の川口さんに助けてもらったに違いないと思いながら無人の改札を抜けてホームに出ると、うひゃあっ。すごいものを見つけてしまったぞ。

改札を出てすぐの上りホームに駅名看板とは別に名所案内の看板があるんだけど、これが銀婚湯温泉なのだよ。

南西九キロ、徒歩二時間、自動車送迎ありと書いてある。時代だなぁ。

待合室のポスター同様、こちらも写真だけインクが退色して図柄は判別不可能だけど、味わいのある貴重な看板だよ。これはいつまでも残しておいて欲しいな。

ポツポツと雨が降り出した。暴れた挙げ句カッパを脱ぎ捨てて地面に叩きつけたぶぶまるはどこで何をしているのだろう。だいたい想像はつくけどね。

落部駅での不思議議体験を話してもきっと信じないだろうな。

ヒットチャートをかけぬけろ

落部駅のホームは変則的だ。

二面三線。手前の上りホームと、下りの二番乗り場と三番乗り場がある島式ホームの距離がかなり離れているのだよ。線路を撤去した形跡もないので、もともと離れていたんだろうね。下りホームが離れているのに跨線橋はなくて線路上を歩く構内踏切式だ。

カンカンカンと鳴って、札幌方面行きの貨物列車が我が物顔で通過して行った。

さてと、どうしよう。待合室に戻って、このあとの予定を思案するとしよう。

次の石倉駅までは営業距離で四キロちょうど。国道だけを歩いたら一時間ちょっとで行ける距離だ。本当はその先の本石倉駅を一六時五一分に出る汽車に乗る予定だったので、同じ汽車に石倉駅で乗るとしたら一六時五五分ごろかな。今が一五時三五分なので、普通に歩いたら絶対にまにあう時間だけど、問題はぶぶまるだ。あいつが暴れたらアウトさ。

とにかく南に向かって歩いて、ぶぶまると合流しなくては。

一五時三六分、まるでタイムスリップしたか、宇宙人に連れ去られたかのように、一瞬にして人が居なくなってしまったような落部駅を出発して、次の石倉駅を目指した。

歩き始めてすぐに新しい落部マップ看板を発見したので、ちらっと見てみると、先ほど見かけた店のほかにも、伊藤ふとん店、理容オダジマ、柴田商店、鈴木薬舗、関口商店、坂本商店、吉崎洋服店、半沢電気商会、牧野商店、肉のオクダ、ビューティサロンひろみ、ホルモン松月などなど多くの商店があることがわかった。やはり書店はない。

居た。やっぱりだ。

ぶぶまるはセブンイレブンの前にしゃがんで煙草をふかしていた。左手にサッポロクラシックの缶ビールを持っている。そんなぶぶまるの背後を不良顔のカモメが歩いている。

ここでもたもたしている時間はないので、煙草を取り上げて用件だけ伝えるとするよ。汽車の時間がギリギリだから、おれはおまえにかまわず歩いて行くから、ついてきてもいいし、ここで二時間ぐらい待っていてもいいし、好きにしていいよ。

そう告げて国道五号線を渡って左側の歩道を南に向かって歩いた。左側にしか歩道がないので仕方なく左側さ。落部中学を過ぎたところでぶぶまるの缶ビールを取り上げて、中身を全部捨てた。

「ああああぁーっ💭」

飲みながら歩くなら連れて行かない。

「ちぇっ」

ごおおおおっ、ごおおおおおおっ。ぶぶまるの後ろをカモメがついてきている。

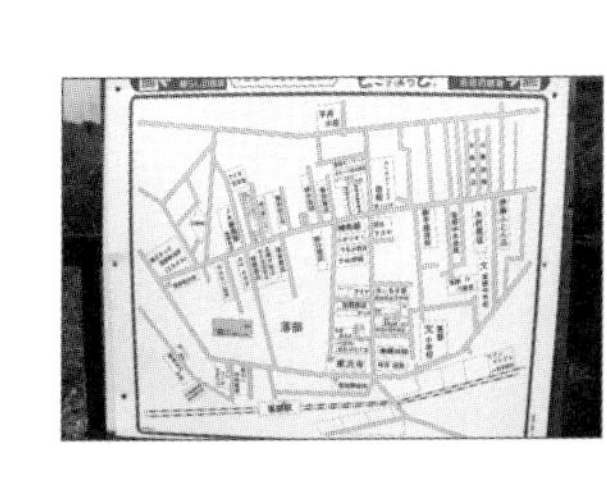

青看板によると森まで一六キロ、函館まで五九キロ。車だったら一時間で行けちゃう距離を何日もかけて歩いているよ。

次の石倉駅は森町の北はずれにあるので、あと一時間ほどで八雲町を抜けるってことかぁ。なんだかんだで頑張ってるぞ、おいらたち。

「落部駅、行きたかったな」

おまえが暴れて落部駅と反対側に歩いて行ったんだろ。

「誰かの車に乗せてもらおうと思ったけど、考えたら荷物があざらしくんの車にあるから、車で帰るのをあきらめたんだよ」

ぶぶまるはさっきまでの大暴れが嘘のようにしょんぼりしている。

あ、虹だ。びっくりするほど低い虹が、進行方向前方の国道をまたぐようにしてかかっている。大袈裟じゃなくてアーチの一番高いところが二階建ての建物の屋根のすぐ上ぐらいしかないのだよ。低いでしょ。しかも太いんだ。低くて太い虹。ぶぶまる虹だ。

「どんな駅だったのかな」

自分の目で確かめる方がいいから教えない。帰り、車で寄ってあげるよ。

「いい♀。見なくてもいい♀」

おまえ、酔ってるだろ?

「ぶひひひ」

それにしても、このぶぶまる虹、冷静な目で見てもペッタンコすぎるぞ。上に向かってぐっと上がるのを忘れてしまったみたいにペッタンコだ。低いなぁ。

「少し休もうよ」

おまえだけ休んでもいいよ。おれは汽車に乗り遅れたくないから休まないよ。

「民宿やかただって。今日はここに泊まる?」

左手に白い二階建ての民宿が見えてきた。長期宿泊者用の格安民宿だ。こういう宿も味があるんだろうけど、今宵は身分不相応に上等な宿なので「違うよ」と答える。

「見て見て、虹の足が海から出てるよ」

ぶぶまるがぶぶまる虹の存在に気付いた時にはもう虹の大部分が消えかけていて、足しか残っていなかった。さっきまでの虹を見ていなかった人にとっては海から虹の足だけが出ている不思議な光景だろうね。

いろはすを飲みながら歩いていたぶぶまるが、突然水をぶーっと吹き出した。

「ボクサーみたいでしょ」

やめろよ、水がもったいない。

「おしっこしたい」

セブンイレブンでしなかったのかよ。

「ぶひひひ」

国道沿いは家が一軒もなくなったので、絶対にトイレなんてないと思って歩いていたら、右手前方に飲食店が見えてきた。お食事処やかた。さっきの民宿やかたの姉妹店かな。

そのお食事処の横にある小さな建物にWCと書かれているので同時に叫んでしまったよ。

「トイレだぁ〇」

トイレは閉鎖中だった。小走りで行ったぶぶまるがとぼとぼと戻ってきた。

「トイレがあると期待しちゃったから、ないよりもつらいよ」

ごおおおおおおっ、ごおおおおおおおっと、無情な走行音が響いている。

「ここ峠?」

違うよ。もう一六時一五分になっちゃった。急がないとやばいかも。

左側しか歩道がないので、国道の左側を歩いていると、ぶぶまるの顔付きがどんどん悪くなってきた。汽車の時間まであと三〇分を切ったので、少し歩く速度を早めるようにお願いしたら暴れだした。

「急いで歩きたくないから宿をキャンセルしなよ♡。」

時刻は一六時二五分。しかも土曜日だ。今までもいろんな無茶を言ってきたけど、今回の発言は常識を逸脱しすぎている。そんな選択肢はないから急いで歩けと言ったら、

「歩かないよ。ぼくの代わりに誰かと泊まればいいんだ♡。」だって。

わかったよ。もういい。愛想が尽きた。おまえを置いて行く。

そう告げると、国道から海側へと折れる脇道へと入った。

脇道の両側には民家や倉庫が並んでいる。会館だ。栄浜会館♡。石倉会館じゃないぞ。

やばいかも。栄浜は八雲町の地名なので国道から折れるタイミングが早かったみたいだ。

少し後からぶぶまるがついてくる気配がしているけど決して振り返ったりはしない。

静かだ。国道から折れると三〇秒で世界は変わる。ごおおおおおっという車の走行音が消えた代わりに、ピピッピピッという野鳥のさえずりが聴こえている。別世界だ。

ううむ。でも、この道は失敗だったかも。一度国道に戻らないと駄目みたい。

栄浜跨線橋を越えると、ぶぶまるが人の体型をばかにし始めた。こちらが無視しているのをいいことに延々と悪口を言い続けている。時刻は一六時二八分。帰りの汽車にまにあうかどうかの瀬戸際なので、今はじっと我慢だ。好き勝手に悪口を言えばいいさ。

そろそろ石倉に入ってほしいと願っていたら、石倉西部福祉館と書かれた建物の前に出た。栄浜との境界がよくわからなかったけど、やったよ。ついに石倉に入ったぞ💬

民家がいっぱいあるし、たぶん駅はそんなに遠くないはずだ。

「もう歩くの無理💭」

だったら、どうぞ休んでください。駅は近いから、おれは休まないよ。ほら、あんなところにポツンと小さな郵便ポストがある。ということは駅はもうすぐのはずだ。

海岸沿いの細い舗装道路を歩いて行くと、いっぱいあった民家が途切れた。そして、右手に三角屋根の小さな建物が見えた。大量の浮き球と漁網が積まれた漁業用具置き場の向こうに、浮き球の山と同じ高さの三角屋根がちょこんと見えている。

本当にあれが駅なのかな。本当にあれが駅なのかな。自信のなさから二度つぶやいてしまったよ。あれが石倉駅じゃなかったら時間的にもうまにあわないかもしれないや。

「えっ、違うの？　石倉駅じゃないの？」

やっぱり駅だよ💭。　いや違うかな……。

「なんか駅っぽくないよ。違うんじゃない？」

いや駅だよ、やっぱり。ほら、石倉駅って書いてある。

「着いたぁ💭。」

よかったぁ💭。

到着時間は一六時三三分なので路線距離四キロを五七分で歩いてきた計算だ。

四キロ超を五七分💭。やればできるんだ、おれたち。普通の人と同じ速度で歩けたよ💭。

歩数は二万五六九四歩ってことは……差し引き五七七六歩。寄り道全くなしだと四キロ超はこんな歩数で歩けるってことか。なんにせよ、今日一日で二万五〇〇〇歩以上歩いたんだから立派だよ。頑張ったね、ぶぶまる。

「ここから見えている山は函館山ですか？」

駒ヶ岳です。石倉駅は駒ヶ岳が見える駅ってことだ。さてと、中に入るとしようかな。

笑っちゃうぐらい小さな駅舎のアルミサッシの入口をガラガラッと開けるのと同時に、カンカンカンと構内踏切の警報機が鳴り始めた。

「まもなく列車がやってきますって言ってるよ。ぼくたちが乗るやつ？」

違うよ。まだ時間じゃないから反対方向じゃないかな。

駅舎内の描写を後回しにしてホームに出ると、札幌行きの特急北斗が通過した。

この駅も上り線と下り線が微妙に離れているなぁと思ったら、一般的な相対式ホームとは少し違っていた。駅舎側の上り一番ホームから大きく南方向にずれている下り線の二番

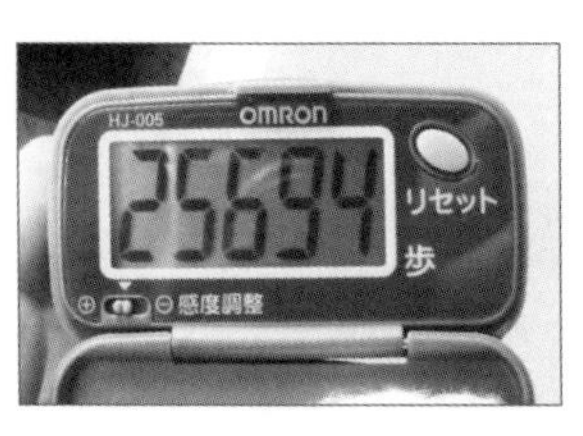

乗り場はホームの向こう側なんよ。つまり、上り線と向かい合っているのではなくて、ホームの奥にだけ線路が走っているので下り線を走る列車が随分遠く感じたってことさ。

待合室に戻って時刻表を眺めると、ほかの駅同様上り下り各六本で、次の長万部方面行き下りは一六時五四分だ。これを逃したら一九時一一分まで二時間以上なかったので、まにあって本当によかったよ。

ちなみに山越駅までの三駅分の運賃は二六〇円也。函館駅までは一一七〇円かぁ。運賃表を見る度に函館駅に近づいてきているという実感が湧いてくるよ。

発車時間まであと二〇分あるので、もう一度改めて石倉駅を描写すると、外観は塗装も新しい三角屋根の小さな建物で、水色の円が三つ並んで、それぞれに丸ゴシックで石、倉、駅と書かれている。要するに清潔で可愛らしい外観だ。

駅舎内はコンクリートの床で、例の四連椅子が入って左側の壁際に二組、入って右側に一組の計一二席ある以外は何もない。座布団や時計やぬいぐるみの類いも一切ないんだけど、だから殺風景かというと、必ずしもそうではない。

海が見えるんだ。入口のドアを開けっ放しにして椅子に腰掛けると、すぐ目の前に噴火湾(内浦湾)が見えるんよ。ホームから海が見える駅はあったけど、椅子に腰掛けたまま駅舎から海が見える駅は初めてだ。

ぶぶまるがぴょこぴょこと波打ち際まで走っては海を眺めている。

改めてホームに出ると、ホームからも海がよく見えた。

遮るものがないので、水平線が視界の左右に贅沢に広がっているぞ。

こんなに素晴らしいロケーションなのに無名駅なのはもったいない。駅舎の前かホームにも海を眺めることができるベンチを置いたら、《すぐ目の前に海が見える港町の無人駅》として盛り上がるかもしれないのになぁ、などと思っていたら、そろそろ発車時間だ。

ぶぶまるを呼んで、構内踏切を歩いて下り線のホームへと渡った。

キハ四〇の八三五番に乗って海岸線を

石倉駅にも跨線橋がない。

同じ函館本線でも後志管内（蘭越、ニセコ、倶知安、余市、小樽辺り）は跨線橋がいっぱいあるけど、渡島地方（長万部以南の内浦湾&太平洋側）は跨線橋がほとんどない。

「うしろ！　うしろ！」

ぶぶまるが唐突に大きな声を出した。心臓に悪いぞ。本当に心臓が苦しくなったよ。

「大きな蜘蛛が……」

大きな蜘蛛がどうしたの？　おれに付いてるの？

「巣」

恐る恐る振り返ると一メートル以上後方の一メートル以上上空に鬼蜘蛛の巣があった。

雲はどんよりと低くたちこめているけど雨の気配は全くない。南に向かって長く延びる二番ホームも完全に乾いている。いいなぁ。海と駒ヶ岳が見えるホームだよ。

今日、部屋は別々だからね。

「えええええっ⁉」

ぶぶまるが驚いたのと同時にピンポーン♪と鳴った。

「ホームに列車が入ってきます。通路を横断しないでください。また危険ですので……」

というアナウンスが二回繰り返されてから、カンカンカンカンという警報音が響いた。

南側からふたつのヘッドライトがゆっくり、ゆっくり、ゆっくり近づいてくる。

白いボディにグリーンとブルーのラインと細い運転窓が特徴のキハ四〇だ。もちろん一輌編成さ。ホームに滑り込んでくると八三五番という車体番号が見えた。古い車輌だ。

ゆっくり、ゆっくりと走ってきたのにキキキーッと大きなブレーキ音が響く。

前方のドアが開いて、「整理券をお取りください」というアナウンスが流れる。

石倉駅と書かれた整理券を取って、前方のボックスシートに腰を下ろすと、ピンポーン、ピンポーンとドアが閉まって、ゆっくりと走り始めた。

キハ四〇は鉄の塊だ。車体の重さに対してディーゼルエンジンのパワーが弱いので、ターボチャージャーで出力を増しても時速一〇〇キロも出せない各駅停車用の生活車輌さ。それでいて一輌当たりの定員を増やすためにロングベンチだけにしている都心部の地下鉄とは違って、あくまでもボックスシート中心なので旅情も兼ね備えている、単なる移動ツールとは一線を画した愛すべき車輌だ。だから、どうかいつまでもこの素敵な風景が続きますようにと、キハ四〇を見る度に、おいら、土地の神様にお祈りしてしまうんだ。

中腰になって車内を見渡すと、おいらたちのほかに五人乗っている模様だ。若い人が多い。長靴姿のおいらたちが一番いけてない風情なり。ぶぶまるは爆睡している。

一輛編成の汽車は海岸線を走っている。

さっきからずっと車窓は水平線だけ。気持ちのいい区間だ。

トンネルだ。第一落部トンネル、一七三メートル。続いて第二落部トンネル、八八メートル。歩いている時にはわからなかったけどふたつもトンネルがあったんだね。

「まもなく落部です。お降りの方は……」

落部駅では四人乗った。下りホームに停車している汽車の窓から見える落部駅のなんと素敵なこと。木造平屋の横長駅舎は絵になるねぇ。

落部川に架かる陸橋を渡ったら、長いトンネルに入った。第三落部トンネル、六九八メートル。単線トンネルなので上りと下りで長さが違っていて、上りの方が下りよりもちょうど一〇〇メートル短くなっている。

長いトンネルを抜けると車窓に海が広がった。

波がかかるぐらい海岸線ギリギリを走っているぞ。最高の景色だ。

野田生駅の手前で上りのキハ四〇とすれ違った。くぅーっ。外から見たかったよ。ということはおいらの意識は乗り鉄じゃなくて撮り鉄ってことか？　いや断じて違う。撮り鉄は嫌いだ。死んでも撮り鉄にはならないもんね。

「まもなく野田生です。お降りの方は……」

野田生駅ではサラリーマン風の男性が四人乗車した。高齢者や学生だけじゃないのさ。

ぶぶまるは全く景色を見ないで爆睡している。海岸線ギリギリの絶景も見ようとしなかった。同じ旅をしていても何も見ないんだ。そして、しばらくしてから、旅の記憶がない

と大騒ぎするのさ。困ったものだよ。

あ、あの神社だ。不思議な風景だなぁ。跨線橋でしか行けない神社なのに、その跨線橋も通行禁止になっているんだからね。

「まもなく山越です。お降りの方は……」

ぶぶまる、降りるよ。起きて〇。

へじゃないよ。起きろ。

「へ？」

「いやだ」

いやだじゃない。早く〇。

ギリギリセーフで山越駅のホームに降りていた。歩き始めは最悪の雨模様だったのに、美しい夕日の中、ホームに降り立ったよ。

長万部方向に走り去るキハ四〇を見送ると、時刻は一七時一五分になっていた。

あとは車で宿に向かうだけさ。

おれ、やっぱり月に帰るわ

今宵の宿である銀婚湯の駐車場に着いたのは二〇分後の一七時三五分だった。

それなのに一七時四〇分になってもまだ車の中に居た。ぶぶまるの文句が終わらないからだ。宿に着いた早々暴れだしたので降りたくても降りられなくなったんよ。

いくつもある美点の中で、たとえば、冷凍食品や既製品を一切使わない宿、という点だけを取り上げても銀婚湯はAクラスの湯宿なんだけど、ぶぶまるはそれが気に食わないという。「そんなわけがない。冷凍食品を使っていない証拠を見せろ」と暴れるので、おれが贔屓（ひいき）にしている湯宿は冷凍食品や既製品を一切使わないのがごく普通のことだからそんな愚かしい証拠なんてないと言うと、また暴れた。

そういえば、以前、ぶぶまるが選んだ温泉ホテルに泊まったら、バイキングのメニューのうち手作りなのは二、三品で、あとはすべて冷凍食品か既製品だったからなぁ。

「カラオケを唄いたいから、カラオケがあるホテルに泊まりたい♀」とも叫んでいる。

もう疲れたよ。おいらが間違っていたんだ。二五年以上贔屓にしている純和風旅館にぶぶまるを連れてきたのが間違いだったのさ。信用を失うところだった。

わかった。帰ろう。おまえが喜ぶと思って銀婚湯を予約したけど、文句ばかりだから泊まらずに札幌に帰ろう。

そう言って車のエンジンをかけると、さらに暴れだした。泣きながら暴れている。

うっ。その刹那、本日三回目の胃痛が襲ってきた。くそっ。なんてタイミングだよ。これじゃ札幌までの夜間運転はとても無理だ。まいったなぁ。痛みで気絶しそうだよ。

わぁわぁ暴れながら人を叩き続けていたぶぶまるの動きが止まった。

「おなか痛いの？」

大丈夫、たいしたことないから。おれの風呂道具、持ってきて。

胃痛に堪えながら、カメラケースと荷物を背負って銀婚湯の玄関を開けると、四代目宿主の川口洋平さんとチビッコたちが出迎えてくれた。

「はい、どーも、いらっしゃいませぇ」

よっ、久しぶり。世話になるよ。

洋平とは何度も濃密な男ふたり旅をしている仲なので、基本的には気を遣わなくていい相手なんだけど、今回はぶぶまるがいるので話は別さ。

女の子ばかり三人のチビッコが廊下に正座している。

「こんにちはって言った？」

洋平がチビッコたちにそう訊くと、チビッコたちがもじもじとした。

「あざらしさんだよ。あざらしさんって言ってごらん」

「あははははは」

洋平の無茶なリクエストに長女のR子ちゃんが笑っている。

夕食の時間を一時間後の一八時四五分に決めて、金閣、銀閣と名付けられた別々の部屋に案内された。よかったよ。多少高くついても二部屋取っておいて本当によかったよ。

そうだ、洋平さん。ホタルはどうなったの？

「それが、出てるんですよ。今年は一〇日ぐらい前からかなぁ。でも、このところ雨が続いているので今夜は難しいかもしれませんね」

「ホタル見たいーっ♪」

隣の部屋で支度をしているはずのぶぶまるが、部屋に入ってきて叫んだ。声がでかい。

「それはホタル次第ですね」と洋平が苦笑した。

黄金の月

落ち着くなぁ、銀婚湯の客室は。

北海道の温泉宿がすべてそうだったように、銀婚湯には今でもエアコンがない。かわりに色とりどりの和紙が貼られたウチワが三本、机の上に並べてあるってのがいいじゃないの。朝食中に布団を上げなくてもいいです、という意思を示す札があるのもいいねぇ。

「どーしてさ！」

落ち着く部屋で落ち着きたいのに、ぶぶまるがずっと文句を言っている。別々の部屋なのがいやだと言う。こんなに喧嘩ばかりなのに、まだ喧嘩したりないのかよ。

時計を見ると、もう一八時過ぎだ。ここの風呂は非塩素、非循環の『正しい温泉』なので、汗がなかなか引かないんよ。となると、遅くても一八時三〇分には出ないと食事の時間にまにあわないので早く大浴場に行きたいのに、ぶぶまるが邪魔ばかりする。

「全部洗う？」

全部洗うよ。一日カッパを着て長靴を履き続けてムレムレになっているから、一秒でも早く上から下まで全部洗いたいの！　行くぞ！

「ぼくも臭い？」

臭いよ。だから、おまえも全部洗ってさっぱりしろよ。

「えーっ。頭も臭い？　嗅いでみて。ねぇ、乾杯してから行こうよ」

ああ、もう、邪魔くさい。大慌てで『氷結』で乾杯してから大慌てで大浴場に走った。

銀婚湯といえば、広い敷地内に点在している六カ所の貸しきり風呂とそれぞれ露天風呂が付いた風情の異なる大浴場が自慢なので、本来は早めにチェックインして、浴衣姿で貸しきり風呂巡りを楽しむのが正しい過ごし方だというのに、どうだい、この慌てよう。

ぶぶまるのせいで露天風呂巡りどころか、大浴場さえのんびり入れないよ。

それでも、少しは旅気分を味わいたかったので、ささっと体と髪を洗うと、残り時間でのんびりと岩風呂を愉しんだ。

横長の大きな湯壷がひとつあるだけという素朴な湯殿はおいらのお気に入りだ。

「ここのお風呂、なんぼでも入っていられるね」

岩風呂の丸い岩に頭を乗せて寝湯状態で湯を浴んでいるぶぶまるが目を閉じたままつぶやいた。おいらたちのほかにも入浴客が二人居るのにおかまいなしだ。

壁一面の大きな窓から見える緑がなんとも言えぬほど心地よい。外に出ると露天風呂もあるし、日付が変わると男女が入れ替わって別の風情の湯殿を愉しめるんだけど、できるならこの元祖岩風呂にだけ入っていたいと思うほど、この風情が好きだ。

というのは、昭和の終わりごろ、初めて銀婚湯に来た時、この大浴場しかなかったんよ。点在する貸しきり風呂はもちろん、露天風呂もひとつもなくて、ついでに女湯もなくて、混浴の内風呂がひとつあるだけの、いわゆる『混浴内風呂一本勝負』の湯宿だったのさ。

廊下の手前に男の脱衣場、結構離れた廊下の奥に女の脱衣場があったんだけど、湯舟はひとつだけ。素敵でしょ。当時はそれが珍しくなかったからね。

その頃、洋平さんは登別の『滝乃家(たきのや)』という一流旅館で料理人としての腕を磨いていたので、出迎えてくれたのは三代目の川口忠勝さんだった。

「うちは旅行代理店にも行政にも世話にならないで細々とやっています」という自信に満ちた言葉を聞いた瞬間、ここは良くはなっても悪くは変わらないだろうと確信した次第。

それから少しずつ変わってきたけど、変わらないのが男湯の大浴場なんだ。だから、数ある湯殿の中でも、この元祖岩風呂が一番好きなのだよ。

あまりの窓景の美しさに写真を撮りたくなったけど、そんな気持ちよりも、このまま時間いっぱい湯に浸かっていたい気持ちの方が勝ったので目に焼き付けるだけにした。

湯上がり、廊下に出ると、チビッコたちが館内の電気を点ける仕事をしていた。えらいなぁ。家業を手伝っているんだね。感心、感心。とほめたのに、チビッコのひとりが床で引っ繰り返って、ひとりが洋平の足に巻き付いて駄々をこねちゃった。

このチビッコふたりは双子なのでおじさんには全く区別がつかないぞ。

「ちょっとポチャッとしている方がM広ですよ。引っ繰り返っている方がC広で」と、洋平パパは言うけど、どちらもちょっとポチャッとしているように見えるぞ。

一日中宿で働いているばかりでは出会いがないからと、洋平の嫁さんさがしの男ふたり旅に出てはBOØWYを熱唱しながらあちこち走り回っていた時のことを思い出すと、こうして三人の父親になっていることが夢のようだよ。

食事が終わったらちょっと話そうね、と別れてから、今年のゴールデンウィーク前に完成したばかりの個室食事処に行くと、仲居さんが困っていた。

ぶぶまるが仲居さんに「呼んでないです」と冷たく言って、仲居さんを困らせていたので、すいません。呼びました。キリンラガービールを一本とグラスをふたつくださいと言うと、ほっとした顔で部屋から出て行った。お願いだから壊さないでくれ。このまま、ぶぶまるとこの宿の人たちが会わなければいいのにと念じていたら女将が登場しちゃった。

「タテウラさん♡。変わらないですねぇ♡」

気取りがないとはこの人のことを言うんだろうね。どこの女将も働き者が多いけど、銀婚湯の女将も超が付くほどの働き者だ。

今日、初めて落部駅に行ったんですよ。という話をすると、面白い話を教えてくれた。

「落部駅は乗る人が多いので、冬になるとJR北海道のOBが来て、切符を売ったりするんですよ。その時はストーブを焚くので、皆さん、待合室の方じゃなくて、駅員さんたちの部屋に入れてもらって汽車を待つんです」だって。ちょっと寒気がしちゃったよ。だって、今日、痛みで気絶した時に見た世界とよく似た世界なんだもん。怖いなぁ。

「でもね、新幹線ができてから汽車の本数が減っちゃったので本当に不便になりました。快速もなくなったので、みんな不便になったって言ってますよ」と教えてくれると食事の箸が止まっていることを気遣って早々に出て行った。すまないです。

自慢の庭が見える個室タイプの食事処でマルメロの食前酒で乾杯する。

ぜんまいの煮びたし、じゅん菜、うどの酢味噌和え、大根のレモン煮、湯葉、花豆、西京焼き、ふきのキンピラ、落部産帆立と平目の刺し身、サーモンソテー、高野豆腐、わらび胡麻和え、キンキ。そのどれもが好みの味付けで心底幸せな気持ちになっちゃったよ。

「うれしい♪　大瓶だ○」

ぶぶまるは料理に関しては何も言わず、キリンラガーが大瓶でうれしいと連呼している。駄目かも。本気で嫌いになる寸前かも。料理人が手をかけて作った美味しい料理を幸せな気持ちで食べたいだけなのに、同じように感動できない相手といることを虚しく感じたよ。

それはぶぶまるも同じだったらしい。富良野豚の豚しゃぶ以外はほとんどの料理に箸を付けず、ビールばかり飲んでは隣室に聞こえるほどの大声で文句を言い始めた。

「もう、おまえとは二度と会わないから○」

「歩くのもやめるし、もう関係ない○」

わかったよ。明日からはおれひとりで歩くから、好きにしていいよ。二度と会いたくない相手と無理に歩く必要なんてないんだからさ。

「その言葉、忘れるなよ○　おまえなんか死ねばいいんだ○」

食事をしている全員に聞こえる大声でそう叫んだのさ。終わったな。

真夜中の貨物列車

こんな静かで上品な宿にこんなやつ連れてこなければよかったと死ぬほど後悔しているけど、もう遅いか。宿の人にもばれる頃だろうなぁと心配していたら、「どーもぉ、お久しぶりですぅ」と若女将の涼子ちゃんが顔を出した。

うう。最悪だ。恥ずかしくて消えてしまいたいよ。

山口智子似の若女将はたぶん、ほかの客から苦情が出たので様子を見に来たんだろうね。特に用もないのに少し困った顔で入ってきて、ぶぶまるがムスッとしつつも静かになったのを見たら安心して出て行ったのです。

時刻はあと数分で二〇時。ホタルが出る時間だ。若女将と入れ違いで仲居さんがシメの炊き込み御飯を持ってきた。この辺りに自生しているアカシアの蕾(つぼみ)を炊き込んだご飯とのこと。アカシアはハチミツでも上級なので味が期待できるぞ。生まれて初めて食べる味にわくわくしていると、「タテウラさん、しばらくですぅ〇」と支配人の川口忠勝さんが顔を出した。「しばらくですぅ〇」と挨拶をしているということは、やはり、落部駅で後頭部をホウキで叩かれたのは幻だったということか。ハッキリと頭が痛かったんだけどなぁ。

川口忠勝さんは戦後まもない頃の落部駅の話を教えてくれた。

「昔は駅がふたつあったんです」

えっ。どーいうことですか?

「今の駅は下り線で、国道が上り線だったんです」

上りと下りが相当離れていますね。

「だから駅がふたつあったんですよ」

よくよく聞くと、駅舎はひとつだったけど、ホームがやたらと離れていたので、感覚的には駅がふたつあった、ということのようだ。ちゃんとした鉄道研究家だったら、落部の古い地図を入手して位置関係を確認したりするんだろうけど、おいらはあえてそれはしない。深く掘り下げるよりも、もっと面白い昔話はないかと川口さんにせがむ方を選ぶ。

「わたしも一回やったことがあるんですけど、みんな、汽車から飛び降りたんですよ」

なんですと。インドの鉄道みたいな話でないの。詳しく聞くと、こういうことだ。

昭和二五年ごろ、函館から落部に帰る深夜の便がなかったので貨物列車に乗ったんですと。そうすると、落部駅の辺りでスピードダウンするので草むらに飛び降りるわけですよ。怪我をした人もいたというので決死のダイブだ。それから真っ暗闇の中を宿まで九キロ歩いて帰ったという話を興奮しながら聞いていたら、ぶぶまるが終始つまらなさそうにしていた。部屋で見るくだらないテレビよりも、今こうして教えてもらっている話の方がどれだけ価値があるかがわかっていないからだろうね。

そういえば、落部駅のホームに観光案内として銀婚湯が紹介されている素敵な看板がありますよね。

「まだありますか？」

ありました。写真は色落ちして全くわからないけど文字はクッキリしていましたよ。

「あの看板は昔からあるんです。広告代を支払った記憶がないから、当時の国鉄の方で勝手に設置してくれたんでしょうね」

あれはいい看板です。ずっと残っててほしいなぁ。駅舎の中にも額に入った広告が飾られてましたよ。写真は色が薄くなってなんだかわからなくなっていましたけど。

「あれはちゃんと払ってます(笑)。そろそろ取り替えないと駄目なんですよ。カラー写真が出始めた時に作ったポスターなので色を定着させる技術が低かったんでしょうねぇ」

いい話だなぁ。こういう話を聞きたかったんだ。

「そうやっていろいろ訪ね歩いて、タテウラさんは現代版の松浦武四郎ですな」

「武四郎はちゃんと調査をしているけど、この人はなにも調べてないよ」

やっとぶぶまるが口を開いた。あざらし批判だけど。

「タテウラさんだって、こうして土地の歴史を訪ね歩いているじゃないですか」

「そんな立派なことは何もしてないよ💭。この人のはニセモノ💭」

このあとも近隣の温泉宿の話を教えてくれたりして、支配人氏は結局三〇分も話をしていった。話に夢中でシメの炊き込みご飯に箸を付けていなかったので、冷めたのを食べてみたら、これがめちゃめちゃ旨いのなんのって。ペロッと二杯たいらげちゃったもんね。最初に口に運んだ湯葉から最後の炊き込みご飯まで、すべてに工夫が感じられたなり。

ご馳走さまでした。

時計を見ると二〇時四〇分だ。ホタルの時間にはもう遅いだろうなぁと思いつつも、フロント番をしている洋平さんの顔を見に行くと、ニヤッと笑って、小声で「ホタル、見に行ってみますか？」と言った。

「ホタル💭」

「しーっ。大きい声を出さないでください」

思わず大声で叫んだぶぶまるが洋平さんに注意された。

「出る場所が庭じゃなくて建物の裏手なので、ほかのお客さんが見たいと言ってもなかなか対応できないんですよ。だから大声でホタルとか言わないでください」

え？　庭じゃなくて裏手？　どういうこと？　頭の中が？だらけだよ。

夜空ノムコウ

洋平さんのホタル計画は試行錯誤の連続だった。

銀婚湯の中庭には人工ながらも小川が流れているので、ここにホタルの幼生とエサとなるカワニナを放流したら、数年後にはホタルが乱舞する宿になってお客さんも喜ぶし、洋平さんもその頃にはできているであろう彼女と一緒にその光景を眺めて、そこでプロポーズをしちゃう♡という、いかにも独身をこじらせた恋に恋する夢追い人が考えそうな野望、それが川口洋平のホタル計画だったんよ。

ところが、小川に流している地下水の温度が低すぎるせいかホタルの幼生が思うように成長しなかったり、逆にエサのカワニナの方が元気になりすぎたり、大雨で全部流されてしまって最初からやり直したりなんだりで、なかなかうまくいかないうちに彼女ができて、あっと言うまにゴールインして、今では三人のパパになっちゃったので、当人もホタルのことはもうあきらめていたし、あの日の夢も忘れていたそうな。

「ホタルいるかな?」

三人で懐中電灯を持って、宿の脇の真っ暗な小路を歩いている。

「いるといいですね。時間が遅いから見られないかもしれませんよ」

裏口がないので宿の裏手に回るためにぐるーっと小路を歩いている。もともと夜間にお客さんが歩くための道じゃないので、宿としてもあまりお薦めできないらしい。

縦一列にならないと通れない細い小路を抜けた瞬間、雨が降ってきた。そして――

飛んでる💭

「飛んでますね」「どこ?」

洋平さん、最高じゃないですか💭

「最高ですね」「どれ?」

洋平さんの返事と同時に、ぶぶまるがわけのわからないことを言っているけど相手にしないぞ。何百匹というホタルが乱舞しているんだもの。真っ暗闇なのでどこからが地面でどこからが空なのかもわからないけど、下から上まで、すべてがホタルだ。

「去年はもっと多かったんですけど、今年はこんな感じですね」

「ねぇ、どれがホタル?」

全部だよ。

「えーっ💭　これ全部ホタルなの💭　ディズニーランドみたい💭」

全然違うだろ💭　ガッカリすることを言うな💭　と言おうと思ったけどやめたよ。本日何回目かの胃痛が襲ってきたので怒る余裕がなくなったんだ。

「すごいよ♪　指に止まってくれたよ♪」

「気を付けて💭　水路に落ちちゃいますよ」

ぶぶまるがフラフラと歩き始めたので洋平さんが注意をした。

ひょっとして、その水路と中庭の小川って、つながっているの?

「そうなんですよ。大雨で全滅したと思ったら、全部こっちに流れていたんです(笑)」

「こっちの水路は温泉も入るので少しあったかいんです。ホタルは冷たい方がいいのかと思っていたら、あったかい方がよかったんですよ〇。」

ぶぶまるのことはしばし放って、洋平さんとホタル談義をした。

「四年ぐらい前に、たまたま夜ここを歩いた従業員が気付いたんですけど、普段は誰も通らないので、実際は六、七年前から出ていたかもしれないんですよ」

中庭の方であーでもないこーでもないって試行錯誤していた時、実はもうこっちでは飛んでいたかもしれないってこと？

「そうなんですよ。あはははは」

そう言ってふたりで笑った。

あ。ホタルが一斉に光った。たまに皆がシンクロすると鳥肌が立つ。

真っ暗なのでどこに水路があるのか見えていないけど、見えている光のうちの何割かは水路の水面に映っている光なのかもしれないよ。

「どうして光るの？」

「求愛だよ」

おいらと洋平さんがユニゾンで答える。

「うわぁーっ。すごくキレイ♪」

ひとつだけ群れから離れて一直線に上に行く光は命の終わりなのだろうか。

「幻想的だね♪」

ぶぶまるはさっきまで「どれがホタル？」と言っていたのに、今はうっとりしている。

「お客さんに、ホタル見ますかって言っても、こんなに出ているなんて思ってないから、最初はテンションが低いんですよ。でも、実際に見たらみんな感動しますね」

「わかるぅ💭」

おまえもそうだったからな。

「えへへへへ」

洋平さん、これは銀婚湯の財産だよ。洋平さんが一〇年がかりで築いた財産だよ。

「あざらしくん、見て見て。天ノ川みたいだよ💭」

ホタルの天ノ川だ。光の濃淡が幻想世界へといざなう。

三人ともしゃべるのをやめたら、川の音が聴こえてきた。

真っ暗闇の中、足元から頭上まで乱舞するホタルに包まれていたら、水平感覚が麻痺して上と下がわからなくなってきたぞ。無重力空間に浮かんでいるみたいだ。

ぶぶまるも同じく感じたのだろうか。暗闇の中をまさぐるようにして近寄ってくると、おいらと洋平さんの間に割り込んできた。

自分たちが今地面に立っている自信がなくなる。少しだけ浮かんでいる気がしてきた。

駄目だ。胃の痛みが限界に近づいている。意識が遠のいていくよ。

洋平さん、よかったね。

一〇年前、屈斜路湖畔の野天風呂に浸かりながら話してくれた夢がふたつともかなったんだね。ホタルと可愛い嫁さんの夢。

おめでとう。

北海道の鉄道NEWSスクラップ その17

辛口だよ

2019.02.26▶28

日高本線の町長会議は一致しないまま個別協議に

【二〇一九年二月二六日】二〇一五年一月の高波被害以来不通が続き、現在は代替バスが運行している**日高本線の鵡川駅～様似駅**の今後についてを協議する沿線七町の臨時町長会議が開催された。一度は『全線バス転換容認』もしくは『**鵡川駅～日高門別駅のみ復旧**』の二案でまとまったものの、二〇一八年一二月の会議で池田拓浦河町長が『全区間の復旧』を主張したため、町長会議としてはこの三案を一本化しないままJR北海道との個別協議に入ることがこの日決定した。つまり、町長会議としての方針を個別協議後に先延ばししたわけで、その間も侵食による土砂流出が続き、復旧がより困難になることを考えたら、JR北海道側のペースになりやすい個別協議入りは得策とは思えないんだけど、どうざんしょ。

それよりもJR北海道の男気ある現場職員と連携したり、クラウドファンディングを利用したりして、走れる区間に特別列車を走らせて**日高本線**存続の機運を高めるとか、七町同時に存続イベントを開催するとか、鉄道愛が感じられる行動を示して、存続を絶望視している淀んだ空気を変える努力をして欲しいよ。

ファイターズ新球場のための新駅建設を断念する

【二〇一九年二月二七日】JR北

石北本線の瀬戸瀬駅と特急大雪

部分運行可能な日高本線の西様似駅

代替バスが着いた日高本線の蓬栄駅

海道は北広島市が要望する『ファイターズの新球場に隣接する新駅の建設』を当面先送りして、二〇二二年度中に**北広島駅**を大規模改修する方針を表明した。
　現行の**北広島駅**は島式ホームを二面四線備えた橋上駅で、地方駅としてはかなり充実してるんだけど、計画では二〇二三年三月までにさらに一面ホームを増設して札幌方面行きの下り線を敷設。コンコースを拡張し、西口広場を再整備。約一・五キロ離れた新球場と駅を結ぶシャトルバスを運行しやすくする。

石北本線は新年度も車内販売を継続すると表明!!

【二〇一九年二月二七日】すべての特急での車内販売を二月二八日で終了するというJR北海道の方針に対して、オホーツク管内の一八市町村でつくるオホーツク圏活性化期成会は二〇一七年度から始めた**石北本線**の特急での車内販売を来年度も継続することを表明した。特定の期間の土日だけ、沿線自治体が順番に担当するという無理のない方法で持続させているところが素晴らしいんだよね。地元の特産品を女性職員が販売しに来たら、思わず買っちゃいそうだなぁ。

長万部駅のかにめしが駅弁としての使命を終える

【二〇一九年二月二八日】かなやの**かにめし**は昭和二五年に**長万部駅**ホームでの対面販売が始まりだったそうな。駅弁大会で優勝して以来全国的に有名になったんだけど、近年は地元の蟹を使っていない、駅で購入できない、頻繁に値上げする、高いなどの苦情もあり、それだったら虎杖浜の**かに太郎**の方が良心的で旨いと断じる人も少なくないんだけど、JR北海道が在来線特急での車内販売をやめるのに伴い、この日をもってかにめしの車内販売を終了。駅弁としての使命を終えたのでした。
　同じ**スーパー北斗**で車内販売をしていた大沼公園駅の**沼の家**の**大沼だんご**は明治三八年から鉄道と共に歩んできたので実に一一三年の歴史がある。そんな歴史を断ち切れる島田修社長は本当に優秀な経営者なのかいな。
　と、なんと、二〇一九年二月の鉄道ニュースだけで一〇頁使ってしまったよ。追いつくかな?

大沼公園駅前にある大沼だんごの沼の家

かに太郎のかにめしは今も500円♀

長万部駅といえばかにめしなのにね

Z Z Z Z Z
ムニャ
ムニャ
BUBU

24日目 石倉駅から本石倉駅まで

I will

2016.06.26 sun

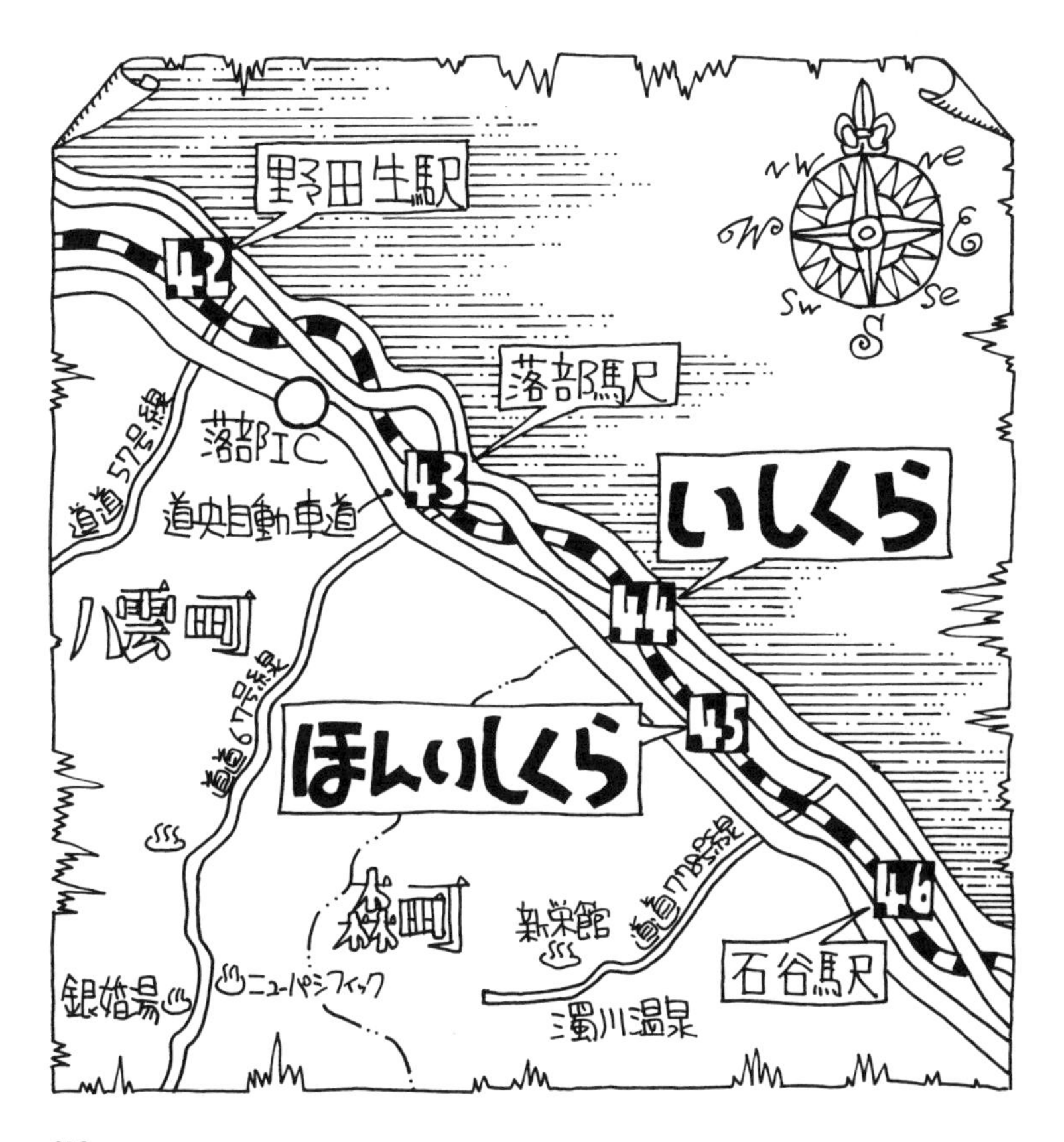

ニャンコさん

居るけど、居ません。

確かに目の前にあざらしくんは居るんだけど、でも居ないんです。

話しかけても何も答えてくれないし、向こう側が半分透けて見えているし、さわろうとしたら一瞬消えちゃうし……。こんなの居ないのと同じです。

だから今回はぼくが書きます。

透けていないあざらしくんと最後に会ったのはホタルを見た時でした。

銀婚湯の若旦那と楽しそうに話をしているあざらしくんは間違いなくいつものあざらしくんだったよ。でも、気が付いたら優しく微笑んでいるだけでひと言も話さなくなっていました。まるで魂をどこかに忘れてきたみたいに。

助けるんだ。ぼくがあざらしくんを助けるんだ。

そのためにも歩くことにしました。あざらしくんの分も歩くと決めました。

ええと、そうだ。あざらしくんがいつもやっているみたいに出発時間を確認するんだった。今は一〇時二二分。霧雨模様だけど雨は降っていないのでカッパは着ないで石倉駅を出発します。目指すのは二・一キロ先の本石倉駅(ほんいしくらえき)です。

朝起きたら机の上にあざらしくんが書いたメモが置いてありました。メモには『本石倉駅までは二・一キロなので、寄り道をしないで国道五号線を歩いて行くと三〇分ちょっとで着くから頑張って💭』と書いてあります。『目印は石倉郵便局だよ』とも書いてあります。そして『ごめんよ、ぶぶまる。助けてね』って。だからぼくがあざらしくんを助けるんだ。

カンカンカンカン……って、突然鳴り出すんだもん💭。びっくりしたぁ💭。

あざらしくんの大好きな白い汽車が函館方面から走ってきました。あざらしくんだったら「時刻表を調べていなかったのにすごい偶然💭。これは幸先いいぞ💭」とか叫んで狂喜乱舞するんだろうなぁ。この汽車のどこがいいのか、ぼくには全然わからないけど。

ニャンコだ♪

昨日のおなかをすかせていたニャンコが、いつのまにかＲＡＶ４の下に居て、ぼくを見てます💭。トラ猫だぁ。ブチャイクだけど可愛いかも♪

食べるかな?

こういう時、あざらしくんだったら、その辺にあるものをなんでも食べさせちゃうけど、ぼくは飼い犬や飼い猫にペットフードしか食べさせたことがないので躊躇するのです。でも、すごくおなかすかせているみたいだから、これをあげるね。

朝、出がけに、女将さんが持たせてくれたお菓子『あっさぶのおばあちゃん手づくりの味、揚げたこうれん』をあげてみました。薄く押したお餅を干したのが道南の伝統菓子こうれんで、それを揚げているんだって。ふわふわして美味しそうだよ。はい、お食べ。

少しだけ撒くと、ブチャイクニャンコは車の下から飛び出てきてムシャムシャと食べ始めました。やっぱり、おなかペコペコだったんだね。もうなくなっちゃった。

「けちけちしないで全部あげろよ」

えっ。あざらしくん？

一瞬、あざらしくんの声が聴こえた気がしたけど、半透明のあざらしくんはまだ車から降りてないし、ぼくが車を降りたとたん車の中が真っ暗になって中が見えなくなったので、きっと今はこの世には居ないんだと思います。

二袋しかないからもったいないけど、あざらしくんが居たら一袋全部あげると思うので、袋菓子の残りをブチャイクちゃんにあげて駅をあとにしました。

今日はナントカダケが雲に隠れています。雲仙普賢岳じゃなくて、なにダケだっけ？気にせずに函館方面へと歩いて行きます。

駅前の道を海沿いに歩いていると雨が降ってきました。カッパを着なかったことを後悔します。あざらしくんが居たらカッパを着ろってうるさかっただろうな。

そういえば銀婚湯の人たち、雨なのに全員外まで出て見送ってくれていました。みんな、あざらしくんが魂が抜けて話せなくなったことを知らないから、ぼくが頑張ってなんとかごまかしました。ぼくだってやる時はやるからね。

歩いて一分ぐらいでフクラハギが痛くなってきました。リュックに湿布が入っているけど、出すのが面倒臭いから我慢します。あざらしくんが居たら、心配して、すぐに湿布を貼ってくれたのになぁ。だいたい、今日履いてる迷彩柄のパンツがピチピチすぎるんだよ。水色のスニーカーと似合っているかな？あざらしくんが居たら可愛いって言ってくれるかな？あの人、同じズボンで三日間過ごせるほどファッションに疎いからなぁ。

わぁっ♀。線路がすぐ近くにあるー♀。

大きい独り言。カモメがクワークワーと鳴いてます。なんだか、まずい気がしてきました。

何も考えずに、駅前の海沿いの道を函館の方に向かって歩いているんだけど、この道であっているのか少しだけ不安になってきました。でも、大丈夫。結構広くてしっかりとした舗装道路だし、行けそうです。時々だけど車も走っているし。

いやだぁ。雨の降り方が本格的になってきました。どうしよう。着替えるために雨宿りできそうな場所なんてどこにも見当たりません。とにかく急いで先に進みます。

「戻れよ。国道を歩けってメモに書いたでしょ。急いで戻って駅でカッパを着ろよ」

またあざらしくんの声です。見えないけど、どこかに居るのかな？

そうだった。国道五号線を函館方面に三〇分歩くってメモに書いてあったのに、何も考えないで国道じゃない道を歩いていました。どこか、国道に出られる近道はないかなぁと見渡してみたけど、線路の向こうは森みたくなっていて、国道の気配が全くありません。この道はだいぶ国道と離れているみたいです。急いで駅に戻って国道に出ないと😢。

まだ居たのぉ♪

雨の中を走って石倉駅に戻ると、ブチャイクニャンコが「また来たの？」という顔で、ぼくを見ました。あげたお菓子は全部食べ終わっています。やっぱり野良猫なのかな。

駅舎の中で黄色いカッパを着て外に出たら、さっきよりも雨の降り方が強くなったみたいです。スニーカーで大丈夫かなぁ。でも、もう一〇分以上ロスしているし、急いで歩かないと汽車の時間にまにあわなくなるので、濡れないけど歩きづらい長靴よりも、濡れるけど歩きやすいスニーカーで頑張るとします。

Marionette〜マリオネット〜

ニャーさん、バイバーイ♡。

ブチャイクニャンコとお別れをして、さっきと反対側に歩きます。昨日は国道からこちら側に歩いてきたので、こうして逆に歩くと国道に出るはずです。

カッパのボタンがなんだかおかしくなっているけど、あざらしくんが居ないので直してくれる人が居ません。

ねぇ、あざらしくん、ぼくのこと可愛い？

独り言を言ってみました。カーカーと今度はカモメじゃなくてカラスの声。寂しいな。

じゃごごごごぉぉぉぉーっ、じゃごごごごぉぉぉぉーっ。

踏切を渡って、やっと国道に出ました。この道を三〇分少し歩いたら本石倉駅です。

おしっこしたい♡。

これは心の叫び声です。あっ、なんかある。其田水産直売所。男女別トイレのノボリも立っているけど、トイレだけ借りるのは申し訳なさそうな雰囲気だし、あざらしくんが居ないとつまらないので寄りません。まだ我慢します。

じゃごごごごぉぉぉぉーっ、じゃごごごごぉぉぉぉーっ。

また峠だ♡。

あざらしくんが居たら「峠じゃないよ♡。」と言うと思うけど、歩道もないし、店も家も

なくなったし、ぼくにとっては峠と同じです。

　つらいな。なんだか苦しくなってきたよ。あざらしくん助けて……。

　じゃごごごぉぉぉぉーっ、じゃごごごぉぉぉぉーっ。

　また、なんかある。バスの待合所があります。函館バスの石倉停留所。木製の小屋だけど雨に当たらず座れるからすごくいいよ……って、えっ！ あざらしくん?

　違うか。一瞬、待合所の中にあざらしくんが居たように見えたけど、改めて見たら居ません。こんなところに居るわけないか……。

　待合所の向こうにも大きい建物があります。海鮮丼屋海商。もうやっていません。やっていたとしてもぼくは入らないと思うけどね。

　じゃごごごぉぉぉぉーっ、じゃごごごぉぉぉぉーっ。

　歩道がないので狭い路側帯を歩いています。フクラハギの後ろが自分の泥はねでびっしょびしょです。スニーカーもぐちょぐちょです。

　もうやだって、こんな道！ うんざりだぁっ！

「おまえ、ひとりで歩いてても、そうやって叫ぶんだなぁ」

　やっぱりあざらしくんだ！ おそるおそる振り返るとあざらしくんが居ます。

　でも、わーっ！って抱きついたら通り抜けました。半透明の方のあざらしくんです。

　それでも、しゃべれるだけマシです。

「心配だからついてきちゃったよ」

　優しい表情を少しも変えず、唇を全く動かさずに、あざらしくんはそう言いました。

狭い路側帯をふたりで歩いています。

心配して振り返ると、確かに、カッパ姿のあざらしくんも歩いてきています。

もう何もないです。左側は線路と海であとは緑、右は全部緑。建物はありません。

「男が後ろを歩いているのって、なんかおかしくない？」

だって、あざらしくん、前を歩いたって、車が擦り抜けちゃうんでしょ。

「まぁね」

だったら後ろで見守ってくれている方がいいよ。後ろからぼくを守ってよ。

「うん。おまえの黄色いカッパ姿、後ろ姿もすごく可愛いよ」

可愛いとかそういうの今は要らないから。半透明の人に言われてもうれしくないし💭

工藤建設の現場事務所みたいなものがあって飲み物の自動販売機があるけど財布を出すのが面倒臭いので寄りません。あれっ、この人、いつのまにかぼくの横を歩いてるよ。

ちょっと💭　横を歩かないでよ💭　車道を歩いたりして危ないでしょ💭

「大丈夫だよ。車からはおれが見えていないから」

いやなの💭　そうやって半分透けているあざらしくんを見るのがいやなの💭　お願いだから後ろを歩いてよ。そして声だけ聴かせて。ぶぶまる頑張れーって、優しく言ってよ。

じゃごごごごおぉぉぉぉぉっ💭

すぐ横を大型車が走る度に怖くて動けなくなります。そして、その度に、あざらしくんが「ぶぶまる頑張って💭」って優しく励ましてくれます。

少しだけ雨宿りしたかったけど、学林前のバス停に待合小屋はありませんでした。

ねぇ、あざらしくん、ポンポンってして。

「ぽんぽんっ」

そうだよね。口でポンポンって言うことしかできないんだね。

あっ、カルデラ濁川温泉保養センターの看板だよ。入口まで二・五キロだって。近い？

「今目指している本石倉駅よりも先だから、今日は寄れないよ」

ちぇっ。でも、あざらしくん、透けちゃうからせっかく行っても温泉に入れないのか。

あれっ、透明だからタダで入れるかもしれないよ♪

「お湯に入れないいんならタダで入場しても得してないだろ」

そうだね。ぶひひ。なんか楽しいね♪

じゃごごごごごおぉぉぉぉぉぉっ💭

あーん💭 大きい車、怖いってば💭 さっきからいっぱい泥かけられてるし、もうやだーっ💭 あーん💭 あーん💭 靴も濡れてぐちょぐちょだし、背中も汗でびしょびしょだし、頭も蒸れてぐしょぐしょだし、全部あざらしくんのせいだ💭 なんで、こんなことしないとだめなんだよ💭 バカバカしい💭

「ぶふまるはよくやってるよ。頑張って歩いてるよ。ありがとう」

うん。雨が止んできました。路側帯も広くなって少しだけ安全になっています。

「本石倉駅はもう近くだよ。ほら、本石倉のバス停があるでしょ」

よかった。もうすぐ駅に着くんだね。もう歩きたくないよ、ぼく。

「あの石倉郵便局の看板を右に曲がったら駅だよ、きっと♪」

ルシアン・ヒルの上で

ちょっと怖いよ。

国道から離れられるのはうれしいけど、曲がったらいきなりアンダーパスになっていて、目の前の道が薄暗くなっているんだもの。不気味です。

「大丈夫だよ。もう安全だよ。怖くないから安心して歩いて行って」

あざらしくんの声に背中を押されてアンダーパスをくぐると、小高くなったところに赤い屋根の白い建物が見えてきました。あれが駅かな。大きくて立派な駅です。

あざらしくん、駅だよ♪

振り返ると、あざらしくんが少し薄くなっています。ちょっと、やだってば♡。まだ消えないでよ。

「あの建物は駅じゃないんじゃない?」

声はハッキリ聴こえてきます。直接脳に響いているからなのでしょうか。

最後の力で坂道をのぼって行くと、ああっ、本当だ♡。こっちから見たら郵便局です♡。

石倉郵便局って書いてあります。赤い三角屋根の可愛い郵便局です。

郵便局のすぐ目の前がホームになっていて、ホームの中にある茶色くて小さな小屋が本石倉駅でした。小さいなぁ。

でも、すごい♡。海が見える駅です。磯の香りがします。陽が射してきました。

あざらしくん、いい駅だね。なんだか鎌倉みたいだよ。

「そうだね。到着時間は確認したかい？」

あっ。時間を確認するのを忘れていました。一一時一一分なので、ええと、ええと……

「石倉駅を一〇時二二分に出たので、四九分だよ。猫にかまったり道を間違えたりしなかったら三〇分ちょっとで来れたのにね。歩数は何歩？」

そうだった。朝、メモの上に置いてあった歩数計を腰に付けていたのでした。ええと、四八七五歩だって。こんなに頑張ったのに五〇〇〇歩も歩いてないんだね。

「ぶぶまるは頑張ったよ。よく頑張ったよ」

うん。ああ、すっきりするぅーっ♪

カッパを脱いで、駅の木製ベンチに腰を下ろしたら、思わず声が出ちゃいました。

あざらしくんもこっちに来て座りなよ。海が見えて気持ちいいよ……って、やだっ。どこ行ったの？　ちょっと、出てきてってば。帰り方がわからないんだから、ちょっと出てきて💧。お願い、出てきて。勝手に消えるなーっ！　あーん、あーん、あーん……💧。

あっ💧。泣いたら少し思い出したかも。

あざらしくん、昨日の夜、ホタルを見て部屋に戻ったら、痛い痛いって急に苦しみ始めて、そして、そして……、だめだ。そのあとが思い出せないよ。そのあとは……。

「まもなく列車が入ってきます。通路を渡らないでください」

カンカンカン💧。あーん、びっくりしたよぉ。なんで必ず汽車が来るんだよぉ。

これから、どうすればいいのさ。あざらしくん教えてよ。ひとりにしないでよ。

あざらしくんとぶぶまるが立ち寄った店&宿

DEER'S改め、わくわくお菓子の王国
はっぴーディアーズ

登場頁数●013-016page 最寄り駅●中ノ沢駅〈徒歩7分〉
所 在 地●長万部町中ノ沢13-2(国道5号線沿い)
営業時間●08:00〜18:00(年中無休)
特　　筆●明かりが消えるまでは営業中
☎0120・813・191
※2016年の訪問時とは外観も商品も様変わりした模様

カップラーメンにお湯を入れてくれる人情商店
川村商店

登場頁数●026-030page
最寄り駅●国縫駅〈徒歩6分=400m〉
所 在 地●長万部町字国縫63(国道5号線沿い)
営業時間●08:00〜18:00(不定休)
特　　筆●札幌の病院に行く時は一週間休み
☎01377・5・2322

おみやげも売っている駅前コンビニエンスストアー
ナイスショップ加藤商店

登場頁数●046-047／057-058page
最寄り駅●黒岩駅〈徒歩30秒〉
所 在 地●八雲町黒岩161(国道5号線沿い)
営業時間●07:00〜22:00(不定休)
特　　筆●元々酒屋なので酒類が特に充実している
☎0137・68・2015

※営業時間や料金、写真はへなちょこ旅訪問時のままです

夫婦で切り盛りする山小屋風隠れ家的洋食店

キッチンOWL

登場頁数●072-074page 最寄り駅●山崎駅〈徒歩30秒〉
所 在 地●八雲町山崎616番地38（国道5号線沿い）
営業時間●11:30～23:00（木曜定休）
特　　筆●玄米カレー900円、玄米ドリア900円
●ハンバーグ950円、焼ミートスパ900円
☎0137･68･2775

精肉店に併設された八雲和牛を食べられる焼肉店

焼肉舎ふるや

登場頁数●093／098-100／113-115page
最寄り駅●八雲駅〈徒歩10分＝700m〉
所 在 地●八雲町元町40番地（道道1029号線沿い）
営業時間●11:30～21:30（月曜定休）
特　　筆●八雲和牛ヒレステーキセット（150g）4080円
☎0137･62･2533

昼は焼きチーズカレー♀夜はカラオケスナック♪

軽食＆喫茶ホーラク

登場頁数●098／101-102page
最寄り駅●八雲駅〈徒歩30秒〉
所 在 地●八雲町本町145番地（八雲駅前）
営業時間●月～金曜10:00～23:00（年中無休）
特　　筆●土日は夜間営業（18:00～23:00）のみ
☎0137･63･2367

小林丈夫さんのUFO記録を閲覧できるぞ!!

八雲町立図書館

登場頁数●122-126page
最寄り駅●八雲駅〈徒歩10分＝700m〉
所 在 地●八雲町相生町98番地
開館時間●10:00～18:00（月曜、祝日、年末年始休館）
特　　筆●水曜は20:00まで、日曜は17:00まで
☎0137･62･2507

地元のもち米で作った最中などオリジナル多数♪

八雲くら屋（くら屋菓子舗）

登場頁数●127-128page　最寄り駅●八雲駅〈徒歩7分〉
所 在 地●八雲町東雲町64番地（道道1029号線沿い）
営業時間●09:30～18:30（火曜定休）
特　　筆●日曜は09:00～17:00
●地元産食材の塩キャラメルプリンも大人気
☎0137･62･3231

パークゴルフのクラブ貸しだしも研修室も無料♀

ふれあい館(噴火湾パノラマパーク内)

登場頁数●140-142page
最寄り駅●山越駅〈徒歩30分＝2.0km〉
所 在 地●八雲町浜松368(噴火湾パノラマパーク内)
開館時間●09:00～17:00(月曜休館)
特　　筆●開館期間は4月下旬～11月上旬
☎0137･65･6030(噴火湾パノラマパーク管理事務所)

たらこの切れ子は500g1700円!!

マルヤス安藤水産

登場頁数●148-151page　最寄り駅●山越駅〈徒歩1分〉
所 在 地●八雲町山越7番地(山越駅前)
営業時間●06:30～19:00(年中無休)
特　　筆●冷凍鮭とば60g400円
　　　　●ほたて甘露煮(10～12粒)1500円
☎0137･62･2650

展望風呂付きの特別室や囲炉裏料理コースもあるよ

おぼこ荘

登場頁数●156-167page
最寄り駅●八雲駅〈徒歩5時間＝20.0km〉
所 在 地●八雲町鉛川622(国道277号沿いに看板あり)
日帰り入浴●500円(11:00～20:00／不定休)
1泊2食●税別9000円(和室6帖)～2万2000円(特別室)
☎0137･63･3123

店内に移動図書館もある駅前商店

小林商店

登場頁数●195-196／202-204page
最寄り駅●野田生駅〈徒歩2分＝100m〉
所 在 地●八雲町野田生246番地(道道573号線沿い)
営業時間●07:30ごろ～18:30ごろ(不定休)
特　　筆●看板が出ていないのが目印♀
☎0137･66･2102

いろんなタイプの貸しきり露天風呂を愉しめる♪

銀 婚 湯

登場頁数●235-248page
最寄り駅●落部駅〈徒歩2時間30分＝9.9km〉
所 在 地●八雲町上の湯199(道道67号線沿い)
日帰り入浴●700円(12:00～16:00／月曜定休)
1泊2食●1万円～1万9000円(2名1室の場合)
特　　筆●休前日割増なし　☎0137･67･3111

あとがきみたいなもの

というわけで、五巻に続くのでした。にゃはは。というか、六巻、七巻と続きそうな勢いだよね。と他人事のような口ぶりなのは、今現在、まだ函館駅にゴールしていないからなんだけど、このまま永遠にゴールしない方が愉しいのではないのだろうか、と思う今日このごろなのです。

ゴールに到達した時の達成感だけが目的になると、次はより遠く、より早くとエスカレートしていくばかりで、旅の途中が楽しめなくなる、と、『野宿野郎』という旅雑誌のかとうちあき編集長が陳じていたけど、全くその通りだと思うんよ。紀行文で重要なのは予定外だらけの過程であって、効率よく達成された目的じゃないからね。

ん？　それはそうとして、何故、文庫サイズで出さなかったの？　一巻〜三巻と並べたら急に大きくなってヘンチクリンだぞ。と、今回の判型が意に満たない向きも少なくないと思うけど、そこは吹けば飛ぶような弱小出版社の哀しい立ち位置を察していただきたいわけで、文庫で出したところで大手出版社の新刊文庫の洪水に埋没することは必至。ならば少し大きくしようかな。予算の関係でソフトカバーさえ巻けないので、ペーパーバック

スタイルで出そうかしら。だとしたら大きさもペーパーバックサイズにしちゃおうっと。というわけで、このサイズで再出発した次第。今後もこれで出し続ける予定なので慣れておくれよ。

新しい試みとして、本文の下にスナップ写真を載せてみたんだけど、どんなもんでしょ？

看板やバス停の文字を正確に記録したり風景描写を書く時の参考用に撮影したメモがわりの写真なので、つまり、そのまま人様にお見せする前提で撮影していないので、アングルとか諸々はひどいし、レンズに水滴が付いたままだったりするんだけど、ほぼノンフィクションのドキュメンタリーであることの証拠写真として、拙文とセットで愉しんでいただけたら幸いなのでありますよ。

いやいや、写真は想像力の妨げになるから以後載せないでいただきたい、みたいな意見も謹んでお受けするので、何か物申したい御仁は『北海道いい旅研究室』のホームページ (https://iitabi.biz/) の『なんでもどーぞ』のコーナーに書き込んでくださいね。待ってるよ。

と、ここまでが業務連絡で、ここからが世迷い言です。

執筆しているあいだ中、いや、書き出す前からずっと不安だったのは売れるかどうかだったんよ。

結論から言うと、双葉文庫の第三巻が出てから三年以上経ってしまったので、一巻～三巻を購入してくれたセニョリータもとっくに忘れてしまっているだろうし、双葉文庫のように出版したことを新聞広告などで広くお知らせすることもかなわないので、勝算は全くなし。負け戦と知りつつ竹槍を抱えて突進するような心持ちなり。

それなのに何故こうして書いて出してしまったのかと言うと、敬愛する先達たちが背を押してくれたからだ。

たとえば、直木賞を辞退した山本周五郎はこんなことを書いている。

書かずにいられないものがあるとすれば、それはその作者にとっての発見であり、他のいかに偉大な作者にも及ばない独自な価値観があるはずである、と。

わたしのもっとも恐れることは机上で仕事をすることである、とも書いている。

おいらにはこう読まさったんだ（北海道弁）。

「旅から生まれた文学は資料だけ読みあさって書いた机上文学よりも価値があるはずだよ。もし、あんたが書かずにいられないという衝動を抑えきれないのなら、それは書く値打ちがあるに違いない」と。

ほら、背中を押されちゃったでしょ。

開高健も背中を押してくれる大先輩だ。小説家として小さな説を語りたいのなら旅に出なくてはいけないと説いている。そして、こんなヒントも与えてくれたんだ。

作家はたえまなく自己更新し続ける努力をしなければならないが、（最も大切なことは）新作に謎があるかないかということである。

そう、謎だ。今回も謎だらけだったでしょ。爆発力は常に温存しているもんね。

夏目漱石は『草枕』の中で、非人情を標榜しながらも一人の女のためにどんどん俗に染まっていく主人公に、こうつぶやかせている。

因果もこのくらい糸が細ければ苦にはならない。切ろうと思えばいつでも切れる。

そう。勝算なしでも書かずにいられない衝動を抑えきれなかったおいらの因果は札幌の零細出版社から放たれた細くて切れそうな糸で辛うじて世間とつながっているだけのことなんだ。切ろうと思ったらいつでも簡単に切れるでしょ。本なんか、そんな軽い気持ちで出せばいいんだよ。イッツソーイージーさ。

と、無欲の雅人を演じようとしても、心中は重版出来やら続編発売決定やらを渇望している超俗人なので、巻末の締めくくりはこう叫びながら手を振ることにするよ。

この本が売れたら出る予定の第五巻で会おうね♀。アデュー、アデュー♀。

【参考文献】

JR全車輌ハンドブック2001／名取紀之編集〈ネコ・パブリッシング／平成一三年〉
アイヌ語地名リスト〈北海道環境生活部／平成一三年〉
萱野茂のアイヌ語辞典［増補版］〈三省堂／平成一四年〉
日本鉄道旅行地図帳1号　北海道／今尾恵介監修〈新潮社／平成二〇年〉
ビジュアル決定版JR全車両／原口隆行編著／井上廣和写真〈世界文化社／平成二一年〉
日本鉄道旅行歴史地図帳／今尾恵介&原武史監修〈新潮社／平成二二年〉
北海道ライン全線・全駅・全配線〈第一巻／道南エリア〉川島令三編著〈講談社／平成二七年〉
最新版JR全車両大図鑑／原口隆行編著／井上廣和写真〈世界文化社／平成三〇年〉

この作品は全く売れる気がしない不安と闘いながら書き下ろされました

函館本線へなちょこ旅４

〜北海道の廃止駅とＵＦＯとキハ40

2020年9月24日　第１刷発行

著　者●舘浦あざらし
発行人●舘浦あざらし
発行所●のんびり出版社 海豹舎
〒007-0846 札幌市東区北46条東3丁目4-21
☎011-751-7757 fax011-663-6626
印刷＆製本●株式会社匠プリント
ＤＴＰ●飯野 栄志

ＩＳＢＮ978-4-901336-37-6